哲学・倫理学の歴史

[著] 伊野 連

三惠社

目次

はじめに...5

1 序論（哲学・倫理学を学ぶために）......................................6

2 ソクラテス...12

3 プラトン..19

4 アリストテレス...25

【倫理学コラム】司馬遷『史記』における倫理観——「天道是か非か」——.........30

5 古代から中世にかけての哲学...33

6 アウグスティヌス...35

【論文1】アウグスティヌスの『音楽論』と『告白』における「記憶」について

....38

7 トマス・アクィナス..52

8 フランシス・ベイコン...54

9 デカルト..58

1 0 イギリス経験論（ロック、バークリー、ヒュームら）..........62

1 1 大陸合理論（スピノザ、ライプニッツら）..........................65

1 2 近代社会思想...69

【論文2】レンブラント『バテシバ』とキリスト教倫理..........................71

1 3 カント（1）...79

1 4 カント（2）...85

【論文3】アリストテレス「三段論法」モデルの、カントによる応用について.........89

1 5 ドイツ観念論（1）フィヒテ、シェリングら.......................94

1 6 ドイツ観念論（2）ヘーゲル..97

1 7 非合理主義哲学（キルケゴール、ニーチェら）...................103

1 8 功利主義（ベンサム、ミル、シジウィックら）...................105

【倫理学コラム】哲学と隣接諸学——ヴェーバーの社会学——.....................111

1 9 フッサール...112

【論文4】フッサールのカント時間論への批難──超越論的統覚をめぐって──

....114

２０　ハイデガー...138

【哲学コラム】ハイデガーから見たカントの構想力の「深淵」.................141

２１　ヴィトゲンシュタイン（言語論的転回、論理実証主義）....................143

２２　二〇世紀哲学・倫理学のまとめ...149

【論文5】アウグスティヌスの「包越」論──ヤスパースとの比較論考──...........153

【論文6】ハイデガーの芸術哲学と「哲学のオルガノン」について..............166

【論文7】ヤスパースの悲劇論..176

　おわりに...179

はじめに

　本書は入門者が哲学と倫理学をその歴史を通じて学ぶために書かれたものである。哲学・倫理学（広義の哲学に倫理学は含まれる）を学んでいくにあたっては、当の哲学・倫理学についてまずは「広く浅く」捉えてみたい。さしあたっては、哲学・倫理学について学ぶことは、「哲学史」・「倫理学史」を学ぶことであると考えてよい。研究者になるのでなければ、専門的な勉強もほどほどで十分である。歴史上に現れた数々の偉大な哲学者について学びながら、「哲学」「倫理学」と呼ばれるものは何か、本書で取り扱った「哲学者」「倫理学者」を通じて理解していってほしい。

　そして我々は、哲学や倫理をたんに知識としてのみならず、実践的な方法として身につける必要がある。そのために本書では、哲学・倫理の理論をまず学び、そしてそれを実践的な知へと発展させていくことに努めてもらいたい。

哲学・倫理学の歴史

　哲学入門書には、よく「十大思想家」「大哲学者二十人」などとするものもあるが、べつに十とか二十にこだわる必要は無いので、本書は特に数を意識することなく、哲学史・倫理学史の古い順に代表的な人物を配した。きわめて重要な思想家は漏れなく採りあげたつもりであるが、場合によっては扱いが軽い者やその逆もある。もちろん本書一冊で哲学・倫理学の歴史を網羅しようというわけではないので、読者は今後の興味に従って、さらに哲学史・倫理学史の本を探して視野を広げてもらいたい。

　本書が特に力を入れて採りあげたのは、ソクラテス・プラトン・アリストテレスの古代ギリシャの三大哲学者、フランシス・ベイコンとデカルトの近世思想の創始者たち、カントからヘーゲルに至る近代ドイツ精神哲学者たち、ハイデガーやヴィトゲンシュタインら20世紀哲学の代表者たちである。これらの哲学者たちは様々な評価を得てはいるものの、その普遍的意義においてやはり哲学史を代表する人々である。

　なお、本書も類書と同様、型どおりに「序論」から始めているが、単刀直入に個々の哲学者についての説明から読み始めても構わない。できるだけ具体的に哲学者の人物像やその学説を把握することが効果的である。

1 序論（哲学・倫理学を学ぶために）

概要
- 一 哲学とは何か
- 二 哲学は何に応用できるか
- 三 哲学史と哲学概説

一 哲学とは何か

　世の中には「哲学」が溢れている。例えばそれは、昨今流行っている『ニーチェの○○○』などという書物を挙げるまでもなく、何かについてまじめに取り組むこと、本質的に考えること、しっかりとした価値基準を構築すること、これらに関連して「△△△の哲学」という言い方がひじょうによくなされる。だが、もちろんこれらは「哲学」についての比喩的な用法にすぎない。

・まずは西洋哲学を学ぶ

　哲学を専門的に学ぶ場合には、「哲学」とは主に「西洋哲学」を指す。そのため意識的に、例えば「世界哲学」とか「東洋哲学」、後者を宗教的観点からさらに細分化して「仏教哲学」「ユダヤ哲学」「イスラム哲学」等々と特記する場合もある。もちろんこれらすべての学問、例えば「東洋哲学」はたしかに存在するし、多くの専門研究機関、大学の学部学科、専門の研究者が活動を展開している。しかし、一般的な場面で単に「哲学」と称するとき、その内容は実質的に「西洋哲学」となる場合がほとんどである。

　もちろんこれは、「西洋哲学」以外の様々な哲学など、どれも西洋哲学に比べて劣っているとか、ましてや真の「哲学」の名に値するものではないとか、そういうことではない。むしろ反対に、第二次大戦後は特に、「現代哲学」すなわち「現代西洋哲学」は、自らを相対化し、自己以外の立場から、とりわけ多くのことを学んでいる。

　また、洋の東西や南北、さらには時代の壁を乗り越えて、できるだけ広く多角的な視野から考察する「比較哲学」という立場もある（これは医学において、従来の西洋医学絶対主義が見直され、漢方をはじめとする東洋医学が積極的に評価されてきたのと軌を一にしている）。

ただし大切なのは、西洋哲学がそれら様々な哲学の「共通の基盤」となっているということである。つまり、いずれの哲学も西洋哲学の「方法論」を用いているということである。これはまぎれもない事実であるが、西洋哲学以外の様々な立場の内側から、その立場自身を客観視する、というような営みは、かつてなされなかった。唯一、例外的にそれをおこなったのが西洋哲学であり、その結果、西洋哲学の方法論は、それ自身のみならず、他の様々な立場にも適用可能な普遍性を有するようになったのである。

・「日本哲学」とは？

　例えば「日本哲学」について考えてみよう。文明開化期の代表的啓蒙家であった中江兆民は遺著『一年有半』で、「我日本 古 より今に至る迄哲学無し」と述べている。兆民はフランス思想を深く学び「東洋のルソー」と称された人物であったから、この言葉によって、西洋哲学に比して日本に固有の哲学が欠如していることを嘆いているのは明白である。

　だが正確にいえば、それは日本の思想家たちが哲学的思索と無縁だったというのではなく、ただ単に、現代の我々が当然のように備えている西洋哲学の方法論について、近代までの日本の思想家たちが、（当たり前のことだが）自覚していなかったのにすぎない。

　日本の代表的な思想家としては、ざっと見渡しただけでも、聖徳太子、最澄、空海、法然、親鸞、道元、日蓮、世阿弥、千利休、松尾芭蕉、新井白石、本居宣長、等々、この他にもさらに何十もの名を挙げることができる。

　しかし、西洋哲学の洗礼を受けたのは幕末にオランダで学んだ西 周（「哲学」の元となった「希哲学」をはじめ、「藝術」「理性」「科学」「技術」「心理学」「意識」「知識」「概念」「機能」「演繹」「定義」「命題」「分解」など、多くの西欧語の翻訳語を考案した。従 甥森鷗外の師でもある）の世代以降であり、さらに厳密な意味で創造的な「哲学者」と呼べる数少ない例は20世紀に入ってからの西田幾多郎くらいである、というのが国際社会において標準的な見解であろう。その他の現代の哲学者のほとんどは「哲学教授」にすぎず、その思想的影響はひじょうに小さい。したがって、本講義で西洋哲学の大哲学者たちとともに採り上げるに値する「哲学者」は、日本では近代以降に限られるうえ、おまけにほとんど存在しない、というのが現実である。

1　西田(1870-1945)は近代日本初の独創的哲学者で、世界的にも高く評価されている。代表作に『善の研究』など。田辺元(1885-1962)らとともに京都学派を形成した。

・非西洋哲学から学ぶべきもの

一方、非西洋圏の、とりわけ日本の禅において頂点に達していると思われる「不可知論」の傾向、すなわち「真理は知ることができない、そもそも知ろうとしてはならない、むしろ知ろうとすれば真理はかえって逃げ去ってしまう」と考える傾向は、かつては西洋哲学以外のきわめて多くの哲学に見られ、さらには前出したように、自己反省を経た西洋哲学の内部にすら、今でははっきりと見出せる。

こうした明らかな変化が現れるようになったのは、いずれの哲学においても近代社会になってから、西洋哲学の方法が導入されて以降のことであり、さらにそれは先に述べたように、西洋哲学の方法そのものに対する重大な疑問、より根本的な批判を生み出し、20 世紀末から今日なお大々的に展開している「近代文明批判」の原動力となった。

しかし、かえってこのことからも言えるように、西洋哲学以外のすべての哲学的思索にとって、西洋哲学の方法論を適用することは有効であり、それは翻って西洋哲学自体の意義をより深めることにもなる。西洋哲学を学ぶことは、西洋哲学自身にとってもちろん不可欠なことであるだけでなく、西洋哲学以外の様々な哲学の意義をいっそう顕在化するうえでもやはり不可欠であるといえる。

歴史を振り返ってみるならば、19 世紀にほぼ確立した西洋近代文明の政治的支配構造（帝国主義）に従って、「哲学」の定義も固まったというわけであり、その支配構造（著名な科学史家トマス・クーンのいう「パラダイム」にも通ずる）はいまだ大きくは揺らいでおらぬ、ということになろう。

したがって、哲学を学ぶということは、さしあたっては西洋哲学の素養を身につけることであるし、その後さらに視野を広げる際にも、その西洋哲学の尺度は必ず資するところがあろう。たとえそれは、西洋近代文明を批判的に捉える場合ですら、同じなのである。

二　哲学は何に応用できるか

話が歴史に深く関わりすぎたようなので、もっと具体的に現代社会における哲学の役割について考えてみよう。

・現代社会における哲学

医療従事者と深い関わりをもつ哲学の一つに、「臨床哲学」という立場がある。これは「哲学」と「心理学」と「精神医学」とが学際的に［学問の壁を越えて］関わり

合う立場である。例えばそれは、次のように定義されている。すなわち、現実社会における具体的な場面で生じている様々な問題を、「治療」という観点から、しかも「医者」ではなく、むしろ「患者」の立場から考えていこうとする哲学的活動であり、あくまでも具体的な「個別事例」から出発することによって既成の原理を問い直し、新たな観念や思考のありかたを模索する、というものである。

　従来の哲学がアカデミズム、すなわち専門研究の内部で、抽象的な「一般的原理」の探究を目指してきたのに対し、「臨床哲学」は文字どおり「臨床」の知であって、本や講義などでいわば受動的に得た知を、より実践的に主体性をもって展開していく必要を認めている。ここでは、哲学というどちらかといえば静的なイメージの強い学問が基軸となって、より実践的な心理学や精神医学へと積極的に働きかけていることがわかる。

・生命医療倫理の重要性

　また、すべての現代人にとってぜひとも学んで欲しい重要な学問が、「生命倫理」あるいは「医療倫理」[バイオ・メディカル・エシックス]である。これは哲学の主要な分野の一つである「倫理」[倫理学]が、現代社会の複雑かつ多様なありかたに対応しようとして、20世紀の終わりごろから「応用倫理」として展開していった動きの一環である。この展開のなかに、「生命倫理」「医療倫理」「看護倫理」、そして「環境倫理」「情報倫理」「技術倫理」「企業倫理」等々の様々な倫理学が含まれる。

　これらはいずれも重要な意義をもつものであり、こうした応用倫理学の発展もすなわち、近代的哲学における従来の人間中心主義的な倫理学に対する反省と、現代における近代文明批判の反映として、倫理学がより大きな社会的責任を負うようになったことのあらわれである。しかしそのとき我々は、やはり古代から近代に至る倫理・実践哲学についての基礎的な理解を有していなければ、こうした応用倫理学における新たな展開も理解できないということが明らかとなるだろう。

　このように哲学・倫理学は、他の様々な学問と関わり合っていく上でも、またそれ自体が社会において機能するうえでも、多分に現代的意義[アクチュアリティー]をもっていることがわかる。

三　哲学史と哲学概説

　実際に哲学を学ぶには、重要な哲学者や命題を歴史に沿って捉えるやりかた[哲学史]と、重要な問題を概説的に捉えるやりかた[哲学概説]の、主に二つの手法があ

9

る。

・哲学史

　哲学史では、古代から現代に至る偉大な哲学者の根本問題について概観する。哲学の「歴史」であるから、時代区分はおよそ、古代、中世、近世、近代、現代などと分けられる。それは、およそ以下のとおり（括弧内は近世以降の哲学が盛んに展開された主要な地域等）である。

　　・古代ギリシャ（およびヘレニズム、ローマ）
　　・中世哲学（教父哲学とスコラ哲学）からルネサンス哲学へ
　　・近世哲学（仏・蘭・英・独）
　　・近代哲学（独・仏・英・米）
　　・現代哲学（独・仏・英・米）

　西洋哲学ではおよそ登場する国は決まっている。古代ではギリシャである。中世ではラテン語が共通学術語だったのであまり国籍が問われることはない。

　近世では「イギリス経験論」と「大陸合理論」という対比がよく用いられる。「大陸」というのはこの場合主にフランス、オランダ、ドイツなどである（この時期になると言語はラテン語、仏語に加え英語も用いられるようになる）。

　そして近代では、圧倒的に独が支配的になる。カントやヘーゲルら大哲学者を次々と輩出したからである。それに仏英の伝統国と、18 世紀に建国された米国が加わってくる。

　現代［20 世紀以降］は哲学もいっそう多様化する。当初はやはりドイツが支配的であったが、フランスとイギリスもそれぞれ新たな展開を見せる。政治的発展にともなってアメリカも哲学の一大拠点となる。欧米のその他の地域でも哲学研究が盛んになる。そしてアジアにおいては例外的に日本もその一端を占めているわけである。

・哲学概説

　哲学概説は哲学に固有な重要問題を熟考することである。その問題とは、例えば、存在、時間、空間、客観 - 主観あるいは客体 - 主体、有限 - 無限、知 - 不知、真 - 偽、善 - 悪、美 - 醜、聖、神、霊魂、同一 - 差異、普遍、一般、特殊、命題、論理、言語、観念、世界、現象、仮象、本質、経験、人間、理性、自由、必然、因果性、原因 - 結果、起源、根源、原理、正義 - 不正、意識、精神、身体、自我 - 他我、等々であり、これらについて、出来るかぎり掘り下げて考えていくのである。これらの問題はいず

れも抽象的であり、誰でも取りつきにくく感じられるものばかりであろう。

　概説書ではこれらの難問についてその著者が見解を述べていくが、そこでもやはり過去の偉大な哲学者の見解が援用されることが多い。したがって、哲学概説もまた、哲学史の方法を共有しているわけである。

・**時代区分**

　さて、本書ではすべての時代のすべての哲学者を採りあげることはできない。主要な何人かに絞って叙述を進めていく。

- ・古代　ソクラテス、プラトン、アリストテレスの古代ギリシャの三大哲学者
- ・中世　アウグスティヌスら（教父哲学）、トマス・アクィナスら（スコラ神学）
- ・近世　ベイコンやロックやヒュームら（イギリス経験論）とデカルトやスピノザやライプニッツら（大陸合理論）
- ・近代　カントの批判哲学概説と実践哲学詳説、ドイツ観念論（フィヒテやシェリングやヘーゲルら）、非合理主義哲学（ショーペンハウアーやキルケゴールやニーチェら）、功利主義（ベンサムやミルやシジウィックら）
- ・現代（20 世紀以降）　現代論理学（フレーゲやホワイトヘッド／ラッセルら）、現象学（フッサールら）、実存思想（ヤスパースやハイデガーやサルトルら）、英米哲学（ヴィトゲンシュタインら）、独仏哲学（ベンヤミンやアドルノ、ドゥルーズやフーコーやデリダら）、その他

　何百人もいる哲学者たちから、たったこれだけである。採りあげたかったが、それが叶わなかった思想家も数多い（例えばオースティンの日常言語学などはその一つである）。

　だが、それぞれの占める哲学史における重要な地位から、哲学史全般を俯瞰することも可能である。それは、いずれの哲学者も「伝統」と「革新」、そしてその両者によって成り立つ「普遍性」を備えた人物ばかりだからである。

2　ソクラテス

概要
一　ソクラテス以前の哲学者たち
二　ソクラテス時代のアテネ
三　ソクラテスの問い

Σωκράτης, BC469-BC399

一　ソクラテス以前の哲学者たち

　西洋哲学史はタレス（古代ギリシャの七賢人の一人）から始まるとされることが多いが、実質的にはソクラテスこそが哲学の祖である。彼はプラトンの直接の師であり、プラトンもまた自身が設立した学校「アカデメイア」でアリストテレスを直接教えた。ソクラテス、プラトン、アリストテレスという古代ギリシャの三大哲学者が直接の師弟関係にあるというのは、哲学史上、他に例が無く、ほとんど奇跡といってよい。

・自然という「対象」に向けられた関心

　まず、ソクラテス以前の哲学者たちについては、概略だけまとめておく。「前ソクラテス期」と呼ばれるこの時代の哲学はその地名から「イオニア自然哲学」、自然へとその関心を向けていた。自然界における万物の源（ギリシャ語でアルケー）の探究がなされたのである。主要な哲学者とその学説（「　」内にアルケーとみなされたもの）、キーワード等を列記すると、次のとおりである。

タレス (BC624ca.-BC546ca.)	「水」。日食の予測でも知られる。
アナクシマンドロス (BC610ca.-BC540ca.)	「アペイロン」(ギリシャ語で「無限定なもの・無際限なもの」)。
アナクシメネス (BC585ca.-BC525ca.)	「大気」(エーテル)。これが稀薄化したり、濃厚化したりすることで万物が生じる。
ヘラクレイトス (BC540ca.-BC480ca.)	「火」。「万物は流転する」と唱えた。
ピュタゴラス (BC582ca.-BC496ca.)	「数」。コスモス(ギリシャ語で「調和」)。古代数学の大学者。
パルメニデス (BC515ca.- 450ca.)	「有るものは有り、無いものは無い」と、生成消滅や運動変化を否定した。
ゼノン (BC490ca.-BC430ca.)	パルメニデスの弟子。「パラドックス」で有名。例「飛ぶ矢は飛ばない」「アキレスは亀を追い越せない」など、時間を無限に分割し、運動を否定した。
デモクリトス (BC460ca.-BC370ca.)	アトム(ギリシャ語で「不可‐分」の意)、すなわち原子論(ソクラテス以後の人物だが前ソクラテス期に含める)。
アナクサゴラス (BC500ca.-BC428ca.)	「ヌース[知性／理性]」と「カオス[混沌]」
エンペドクレス (BC490ca.-BC432ca.)	「火・空気・水・土」の四元素。
プラタゴラス (BC490ca.-BC420ca.)	ソフィスト(説明は後述)。「人間は万物の尺度」として、相対主義に立ち、絶対的真理を斥けた。
ゴルギアス (BC487ca.-BC380ca.)	ソフィスト。「何者も存在しない。存在しても知ることはできない。知ることができてもそれを伝えることはできない」として、「非存在」を唱えた。

二　ソクラテス時代のアテネ

　しかし全般的にいって、その後の時代により多大な影響を及ぼしたのは、ソクラテス(BC469-BC399)以降の盛期ギリシャ哲学である。主要なことがらとして、ソクラテスの問答法、「無知の知」、プラトンのイデア論・国家論、アリストテレスの哲学体系、

などが挙げられる。特にアリストテレスの影響は多岐にわたり、論理学、自然学（思弁的自然学、実地的自然学の双方）、心理学、倫理学、政治学、美学・修辞学等々と、およそ彼の携わらなかった学問分野は無いといってよいほどである。

・「哲学」の成立

　第1章でも述べたように、西洋哲学を、その他の哲学から際立たせている点とは何か。それには諸説ある。例えば、次のような哲学史観がある。それは「哲学の時代」と、「神話の時代」を区別するものである。

　古代ギリシャでは、太古の「神話」の時代から、次いで「叙事詩」の時代、さらに「悲劇」の時代が続いた。神話は作者未詳の民間伝承によるもの、叙事詩は伝説の詩人によるもの、悲劇は三大詩人を筆頭とする詩人たちによるものであり、これはアテネが全盛期を迎え、さらに衰退期にさしかかった時期に及んでいる。

　より詳しく言えば、①クレタ、ミケーネ両文明（紀元前二〇〇〇年期末から同一〇〇〇年期半ば、だいたいＢＣ20世紀から同12世紀）には成立していたギリシャ神話の時代、②トロイア戦争（紀元前一〇〇〇年ごろ）を受けたホメロスの叙事詩『イーリアス』『オデュッセイアー』、およびその後のヘシオドス（『神統記』）他の叙事詩人の時代、さらに③ポリス制成立からペリクレス期の、ペルシア・ペロポネソス両戦争にまたがるアテネ興亡期における、通称「アッティカ悲劇」の全盛期、という時代区分になる。アイスキュロス、ソフォクレスとともに、三大詩人の最後にあらわれるエウリピデスと、ソクラテスとは同時代人かつ知人であって、やはり両者の共通の知人であった大喜劇詩人アリストファネスの代表作『雲』にも登場する。

　したがって、今日の哲学にまで多大な影響を及ぼし続けている古代ギリシャ哲学は、この悲劇時代末期にソクラテスの手によって成立した、というわけである。

・アテネとソクラテス

　現代ギリシャの首都アテネは、古代ギリシャでも最大の「ポリス［都市国家］」であった（当時のギリシャは統一国家ではなく都市連合であった）。オリエント［アジア］の強大な専制君主国ペルシャ帝国との戦争に勝利し（ペルシャ戦争。「サラミスの戦い」「マラトンの戦い」などで知られる）、奴隷の労働に支えられた直接民主制が確立し、市民は「スコレー［余暇］」を謳歌し、学芸が栄えた。ソクラテスはそんなアテネが全盛期を終え、衰退期にさしかかった時代の人物である。

　アテネが衰退するきっかけとなったのは、ポリス同士の内乱であるペロポネソス戦争において、アテネ率いるデロス同盟が、スパルタ率いるペロポネソス同盟に敗れた

ことである。アテネでは戦犯さがしがおこなわれ、若者に思想的影響力が大きかった
ソクラテスにもその累が及んだ。彼は裁判における投票の結果、死刑となる。脱獄す
ることもできたが、自らに課された刑に服して、毒を仰ぎ世を去った。七〇歳であっ
た。その感動的な最期は弟子プラトンの対話篇『クリトン』などに描かれている（よ
り詳しくは、第3章「プラトン」を参照）。

三　ソクラテスの問い

　ソクラテス哲学の主なキーワードは、「問答法」「産婆術」「帰納法」「デルフォイの
神託」「無知の知」「ダイモニオン」などである。

・問答法

　現在、世界中で読まれている『プラトン全集』『アリストテレス全集』などと並ん
で、『ソクラテス全集』というものは存在しない。なぜなら、ソクラテスは一冊も本
を執筆していないからである。だからソクラテスは、世界宗教の始祖たち、孔子、仏
陀、キリストなどと並べられることさえある。したがって、哲学者ソクラテスの姿は
もっぱら、プラトンの対話篇のなかで描かれている人物像を指す。「対話篇」とは、
まるでお芝居のように、登場人物たちが対話をくりひろげる形式で記された著作であ
り、プラトンの対話篇は簡明な文体のなかに深遠な哲学思索を織りまぜたものとして、
まさに対話篇の古今東西における最高傑作である。以下に例を挙げる。

クリトン	（前略）以前にもたびたび、君は一生を通じて幸せな性分の人だと思ったことがあるけれど、今度のこの禍いで、とくにそのことを感じたね。いかにもやすやすとそれに耐えて、とり乱すところがないものね。
ソクラテス	それは、クリトン、こんな年になって、いよいよ死期が迫ってきたのをむずかったりするのも、へんなものだろうからね。
クリトン	ほかにも、ソクラテス、そのくらいの年でこういう災難にまきこまれる者もいるけど、年をとっているからといって、不運に当面した彼らがむずからないでいられるということは、すこしも保証されないのでね。
ソクラテス	それはそうだ。しかし、いったい何で、こんなに早くやってきたのかね？
クリトン	知らせを、ソクラテス、もってきたのだ。つらい知らせをね。それは、

君には、あるいはそれほどでもないかもしれない——とぼくには見えるが、しかし、ぼくにとっても、ほかの君の知人のすべてにとっても、なんとも耐えがたい、重苦しいきわみの知らせだと、自分で考えているのだ。

ソクラテス　何の知らせだね、それは？　あるいは、例の船がデロスから帰ってきたというのではないかね？　あの船が着けば、ぼくの死刑執行ということになるはずだったね。

（プラトン『クリトン』43b-43d、訳は中央公論社『世界の名著』より）

　これはソクラテスの死刑直前に、獄中に面会にあらわれた親友クリトンと哲学者との対話である。二人の暖かい友情が緩やかな緊張とともに巧みに描かれている。「問答法」（ギリシャ語で「ディアレクティケー」、「弁証法」(dialectic)の語源。また、英語では dialog）は、こうして対話のなかから真理を見出していくという、ソクラテス独特の手法である。その独自性は、お互いに対立する見解で討論を行ない、ソクラテスが相手に質問し、相手がそれに答えるというプロセスのなかで、自説を補強したり、相手の説をアポリア（袋小路）に追い詰めたりして、その矛盾に気づかせるという点にある（今日の「ディベート」形式に通ずる）。

　ソクラテスは彼に先行する世代のソフィストたちの欺瞞に立ち向かうため、このような手法をとったとされる。ソフィストは、社会における利益を追求するため様々な詭弁を弄するような堕落した思想のあらわれ、腐敗したアテネ社会の象徴だとソクラテスは考えていたかもしれない。次々と続けられるソクラテスの質問によって、相手は次第に自分の答えを熟考し、ついには訂正することになる。こうして、しだいに真の概念が生み出される（なお、ソクラテス式問答法は、サイコセラピー（古典アドラー心理療法、認知療法）でも採用されている。興味ある者は調べてみてもよいだろう）。

・産婆術

　熟慮の過程で、自分は実は何も知らなかったのだという自覚は、当然にして生まれてくるべき知的な関心である。ソクラテスは、それがしかるべく生まれてくるように、その誕生の手助けをする。自身の母は産婆（助産師）であったことから、彼はこの方法を「産婆術」（助産法）と称した。例えばプラトンの対話篇『メノン』では、数学的知識の無い奴隷の少年に対し質問で導いて、あくまで少年自身の内からの発見のみで幾何学の証明に気づかせるソクラテスの姿が描かれている。

・帰納法

　また、ソクラテスのように様々な事実の集積から一つの真理を導き出す手法は、後世より整理されて「帰納法」へと通じていった。帰納法は、主に因果関係を確定するのに用いられる。それに対して、前提となった命題から、経験に頼ることなく、あくまで論理法則のみに従って必然的に結論を導出する手法を「演繹法」と呼ぶ（演繹法は、「大陸合理論」で用いられる手法である。本書第 11、13、14 章他を参照）。

・「デルフォイの神託」と「無知の知」

　さて、ソクラテスがアテネの市井でこのような思索活動を行なう理由は、彼の自己評価にある。彼は自らのことを知恵ある者（ギリシャ語で「ソフォス」）であるなどとは思っていなかった（彼は自らを、あくまで「知恵を愛する者」（フィロソフォス。philosophy の語源）であると考えていた）。

　しかしあるとき、彼の友人が古代ギリシャ時代最大の権威であったデルフォイのアポロン神殿で、「ソクラテスより知恵ある者はいない」という神託を授かる。それを聞いたソクラテス本人はその神意を理解しかね、同時代の名だたる「知者」たちと問答を行なう。その結果、こうした自らを知者と誇る者たちのうち誰一人として、真理の何たるかを知らぬことが暴かれる。そしてソクラテスは、「この人々は自らが無知であることを知らない。しかし私は自分が無知であることを知っている」。この「無知の自覚」こそが、ソクラテスが最も知恵ある者だという神託の意味だったのだと悟るのである。

・ダイモニオン

　また、ソクラテスはプラトンの対話篇中で、よく「ダイモニオンの声を聞いた」と語っている（「ダイモニオン」とは「なにかダイモン［デーモン／鬼人］のようなもの」の意）。それは彼の守護神だとか天使だとかではなく、また良心でもなく、むしろ一種の不如意の［自身思いもかけぬ］内的な声であり、ふつう人が神託に尋ねるような様々な場合に「そうせよ」とか「そうするな」とか忠告する声である。すなわちそれはソクラテス独自の内的な神託ともいえる。

　哲学史の祖ヘーゲル(1770-1831)は『哲学史講義』でソクラテスの意義を、前ソクラテス時代の「自然」すなわち自己からの対象への関心から、「主観」への関心すなわち自己意識の芽生えにおいて見ている。自然から与えられるものから、主観において見出すものへの転換があることになる。そしてこれは宗教に関しても言える。ソクラテスの宗教は「善の宗教」である。それは神託のように神から与えられるものではな

く、自己のうちから発せられるものに基づくのである。ソクラテス告発の主な理由の一つが、彼がギリシャ伝統の神を冒瀆した、という指摘であったことも重要である。

「ソクラテスの原理が構成する全世界史的な転換の中心点は、神託に代わって個人の精神の証明が出現したということ、そして主観が決定を自己の問題とするようになったということである」(『哲学史講義』)。

ソクラテスは自ら真理と善とを追究し続けた。それは死を賭しての営みでもあった。後世の人々はその生涯から様々なものを学んだ。死刑判決の不当さを嘆くことなく、「悪法も法なり」と述べて法治の権威を尊重した。彼の威厳に満ちた死には、倫理学的にも大きな意義が見出せる。

3 プラトン

概要
一 プラトンの対話篇
二 プラトンのイデア論
三 プラトンの道

Πλάτων, BC427-BC347

一 プラトンの対話篇

　プラトン(BC427-BC347)は師ソクラテスの姿を借りて「対話篇」によって自説を展開した。研究者には、プラトンの対話篇のなかから、ソクラテス自身の考えと、著者プラトン本人の考えとを、区別する研究を行なっている者もいる。しかし一般には、ソクラテスとプラトンとそれぞれの考えを区別せずにその思想を理解するので十分であろう。対話篇については既に簡潔に説明し、実際に引用もした。今回はさらに詳しく論じてみよう。プラトンの代表作は、以下のとおり(傍線付きは特に有名なもの)。

〈前期〉　『ソクラテスの弁明』『クリトン』『ゴルギアス』『メノン』『リュシス』『饗宴［シンポジオン］』

〈中期〉　『国家』『クラテュロス』『パイドン』『パルメニデス』

〈後期〉　『テアイテトス』『ソフィスト［ソピステス］』『フィレボス』『ティマイオス』『法律』

　『ソクラテスの弁明』は対話篇ではなく、ソクラテス裁判をめぐってソクラテス自身がその考えを表明したものである。『シンポジオン』とは現在の「シンポジウム」（討論会）の語源になった言葉で、もともとは宴会などで一緒に飲んでワイワイ話で盛り上がるという意味。我が国では「饗宴」と訳されているが語が難しければ「シンポジオン」で構わない。

　『国家』はプラトンの最重要書で、理想国家論をはじめ、プラトン哲学のエッセンス（有名な、「太陽」「線分」「洞窟」の比喩など）が随所にあらわれる長篇である。ここでソクラテスは（もちろん筆者プラトンも）、正義の徳を実現させるには、人間の魂の在り方だけではなく、国家そのものを原理的に問わねばならぬ、と考えている。

　なお、タイトルの「□△○ス」というのはギリシャ男性によくある名称で、ほとんどの対話篇で登場人物の名前がそのまま作品名となっている。したがって、それぞれには副題がついており、例えば『リュシス』は「フィリア(philia 友愛)について」、『ゴルギアス』は「弁論術および正義の意味について」、『饗宴』は「エロース［恋／愛／生］について」で、いわゆる「プラトニック・ラブ」（心と心とを通じ合わせる愛）が論じられる。すなわち、プラトンは、けっして目には見えないものごとの本質を最も重視した。後述する「イデア論」(idealism)であり、近代では「観念論」［理想論］などと訳されている。

・プラトンを読む

　したがって、ここでは深遠な哲学問題が登場人物の台詞に乗ってわかりやすく述べられている。対話篇はプラトンに限ったものではなく、哲学書ではけっして珍しくないが、プラトンのようにわかりやすさと内容の深さを兼ね備えたものは古今でも皆無である。プラトンは当初詩人を志していた。後にソクラテスと出会い、哲学に目覚めたことにより、文芸とはきっぱりと縁を切ったのだが、対話篇において、その類い稀な著述力を明らかにしている。

　プラトンの著作は驚くべきことに、古代よりすべて現存し、我が国でも岩波書店から『プラトン全集』が刊行され、ひじょうに質の高い日本語で読むことができる。それ以外でもいくつも邦訳があり、文庫本でも手に入る。何か本格的な哲学書を読むならば、プラトンから入るのがお薦めである。

二　プラトンのイデア論

　プラトン哲学の最大のポイントはイデア論である。「イデア」(ιδέα)とはギリシャ語で「観念」「理念」「理想」を意味する言葉（もともとは「見られたもの」「姿」「形」の意味で、「エイドス」と類義語であった。エイドスについては、第4章を参照）で、そのままラテン文字で綴られて idea となった。したがってプラトンのイデア論はいわば「観念論」(Idealism)である。

・イデアリズム

　先に述べたように、一九世紀において、カントの強大な影響下から、彼を批判的に継承した「ドイツ観念論」（本書でも後述）があらわれる。そこでこれを「近代におけるプラトン主義」と捉える見解もある。哲学本来の精神性、あるいは思弁性において、プラトンおよびアリストテレスと、近代ドイツ精神哲学（カントからヘーゲル）とが、哲学史上の二つの頂点を形成しているわけである。

　「思弁」とは、ごく簡単に言えば頭のなかでどこまでも考えをめぐらすことだが、しかし語源にまで遡れば「みること」を意味していた。だからこれはかえって、目にみえぬものの本質を、どこまでも頭のなかで（あるいは眼を閉じて）追究すること、を意味しているともいえる。目にみえる現実とけっして目にはみえないものごとの本質とを峻別する二元論は、古来ヨーロッパの哲学史を支配し続けており、近世の経験論（本書でも後述）や近代自然科学の発達から大いに刺激を受けつつも、いまだにその勢力を保ち続けているのである。

　さてそれでは、イデアとはいったい何であろうか。それは、我々にとっての対象を、目に見えたり手で触れたりするものそのものではなく、けっして目に見えず、手でも触れえないその本質として捉えようとすることによって明らかとなる。その普遍的本質こそ、プラトンのいうイデアである。万物はそれぞれのイデアを分有している。感性によって捉えられるもののありかたは、転変を免れえない。しかし、そのものの真に普遍的なありかた、つまり純粋概念は、ただ純粋思惟によってのみ与えられる。

　ただし、だからといって、イデアは我々の世界の外にあってたんなる理性の産物にすぎぬものではなく、また、人間の想像力が産み出した理想にすぎぬものでもない。プラトンのいうイデアは真に現実的なものであり、イデア界［叡智界］は現実界であり、それは感性的に直観される世界ではないが、思惟の光のなかに観照（「本質を見極める」の意）される世界である。思惟はイデアを意識の光のなかへと高め、そうすることでイデアは初めて真に内的なものとなる。

・ヘーゲルのプラトン理解

ヘーゲルの『哲学史講義』によれば、これが思惟によるイデアの産出であり、内面化すること(独 Er-innern)である。したがって、イデアは想起(独 Erinnerung, 希 ἀνάμνησις: アナムネーシス)と関わる、というのがヘーゲルによるプラトンのイデア論理解である。

すなわち、すべての学習は想起である。イデアという真の概念は外から思惟の内に入り込んでくるのではなく、思惟の内、魂の内に既に含まれている。思惟にこそ魂の本質はあり、したがって、思惟も魂も、イデアと同じく永遠かつ不滅だ、というのがプラトンの説くイデア論である。

このイデア論こそがプラトン哲学の骨子であり、例えばヘーゲルはこれを主要な三部門に分け、それぞれに対応させることで、プラトンの哲学体系を捉えている。三主要部門とは、①「イデアそのものの提示」つまり「認識」、②「自然の理念」、③「精神的・人倫的世界」あるいは「国家の理念」であり、それらに対応する哲学体系とは、①弁証法、②自然哲学、③倫理学である。

・プラトンの弁証法

弁証法とは一般には、あらゆる矛盾・対立を統一し、真の統合をもたらすものを追究する思惟である。プラトン弁証法においては、その真の統合・統一とはもちろんイデアであり、そこでは、一と多(『パルメニデス』)、存在と非存在(『ソフィスト』)、限りないものと限りあるもの(『フィレボス』)、という基本的な対立が真なる統合を果たす。例えば限りないものと限りあるものとの統一には度合があり、そこにあらゆる調和[ハルモニア／ハーモニー]がある。ハーモニーは音楽の調和だけでなく、自然の調和であればそれは「健康」であり、人倫の調和であれば「善」である。

『ティマイオス』によれば、宇宙[コスモス]は神的なイデア界の似姿であり、神的な理性による芸術作品である。ここから宇宙の構造と造物主[デミウルゴス]が論ぜられ、あるいは正義の理念を具象化[具体化／具現化]する最良の国家が論ぜられる。その神とは、第一のそして最高の形態においては善のイデアであり、イデア界を自己の内に包摂している。第二の形態においては造物主、第三の形態においては浄福の神としての宇宙(万有)、第四のそして最後の形態においては可視的な神々としての星座である。そして恒星と遊星の調和は数によって示されている。これはピュタゴラスの影響を受けており、プラトンもまた、数学をきわめて重視した)。

三　プラトンの道

　プラトンのイデア論（美のイデア（善のイデア）について）は難解であり、また彼の八十年の生涯において常に一貫しているわけではないが、しかしここから数々の根本思想が導かれている。例えばこれに基づいて、人間の身体は、頭、胸、腹に三分される（頸部は頭と胸との境界）。腹には下等な欲望が宿り、胸にはより高等で活発な感情である怒りと血気とが、そして頭には理性［ロゴス］が宿っている。こうした自然の性質と能力の理性的特質が徳である。すなわち、欲望の徳が節制、怒りと血気との徳が勇気、理性の徳が知恵［ソフィア］であり、これらすべての徳の総称にして正しい関係が正義である。

　ここからさらに発展して、社会関係が論ぜられる。大きな世界での徳は身分を形成する。知恵の身分は支配者と統治者であり、勇気の身分は戦士と防衛者、節制の身分は勤労者・農業者・手工業者である。大きな世界での正義は全体として国家である。節制、勇気、知恵、そして正義という四つの徳のあいだでは、下位のものは上位のものに含まれるが、下位は上位を含まない。

・プラトンの共和国論

　主著『国家』では、理想的な国政が論ぜられる。プラトンの論ずる国家は、先述のような人間の身体に根ざした一つの全体、「人倫的有機体」を形成する。自然の有機体が自己発展することで成立するのに対し、人倫の有機体は教育によって成立する。

　教育国家は子どもの生育を整序・統制する。まず子どもの素質を鑑別し、それに応じて国家的に教育する。統治的な徳を体現する第一身分（統治者）と第二身分（防衛者）には、とりわけ厳しい教育が施される。プラトンの国家は何ら成文的法律を持たぬ制約の無い貴族政［アリストクラート］であり、最優秀者が生きた法律となって支配し、支配者は哲学者であり、また哲学者が支配者である。ただしこうした国家が実現しない場合には、成文化された法律の国家が考えられることとなる（『法律』）。

　政治的権力と哲学的精神とが一体化すること、つまり哲学者が王となることか王が哲学者であることを理想とする（『国家』第五巻参照）というのが、有名な「哲人君主論」である。しかも実際、晩年のプラトンはシケリアの君主ディオニュシオス二世を指導する機会をえた。だが、無教養で虚栄心が強く、そのうえ無節操だったこの王には失望するばかりであり、その哲学的国家理想の実現はまったくの幻に終わった。

　余談ながら、プラトンの哲人君主論が実現した例が、歴史上ただ一度だけある。それはそのおよそ五百年後、古代ローマの皇帝のマルクス・アウレリウスである。名高

い五賢帝の一人に数えられる彼は、すぐれた治世で帝国の領土を着々と広めつつ、その陣中でかの有名な『自省録』を著した。この書は自己の内面に安静を求めるストア哲学の代表作として今でも広く各国で読まれている。岩波文庫などに邦訳がある。

・**プラトンの学校**

　最後に、プラトンの遺したおそらく最大の遺産について紹介しよう。紀元前三二七年、四十歳のプラトンはアテネ郊外に「アカデメイア」という学園を設立する。ここで多くの若者が学び、その一人がのちに同校の教授ともなるあのアリストテレスであったということは本書でも既に述べた。学園名は academy の語源となった。この語は各種学校はもちろん、学会、学術院、芸術協会の意として、まさに世界中で用いられている。

4　アリストテレス

Ἀριστοτέλης, BC384-BC322

一　アリストテレスの哲学体系

　アリストテレス(BC384-BC322)はプラトンのアカデメイアで学び、後には教師として、プラトンの死まで二十年もの長きにわたって教えた。その後の遍歴時代には当時の強国マケドニアの王宮で若き日のアレクサンドロス大王にも直接教えを施した。帰国後はマケドニア支配下のアテネにおいて「リュケイオン」という学院を創始し、教育と研究に努めた。その一団は散歩道を歩みながら議論を交わしていたという故事から「ペリパトス［逍遙］学派」と呼ばれた。

・その偉業
　アリストテレスという人物をごく簡単に特徴づけるならば、「古代ギリシャのきわめて博識で細心な自然研究家で、ことに最も優れた生物学者」であり、さらに「自然

25

界および人間社会のことに関する在来のあらゆる思想・学説を吸収し検討して、これらをその師事したプラトンから批判的に継承した観念論的哲学のもとに統合し組織した大哲学者」(出隆『アリストテレス哲学入門』岩波書店)ということになる。つまり、彼は自然科学者の眼と、思弁哲学者の精神を兼ね備えた稀有の人物であった。

彼は従来の数々の哲学者(師プラトンやソクラテスはもちろん、前ソクラテス期なども)の学説を整理概括した大哲学史家であったし、実践的な自然観察者でもあった。そして何よりも、史上最大の体系的哲学者であった。アリストテレスの哲学体系を概括すると、次のようになる（括弧内は代表作)。

1．論理学［学のオルガノン（「道具」の意)]（『カテゴリー論』『命題論』『分析論』『トポス論』『詭弁に対する論駁について』)
2．理論学［テオリア(theoria)の学]
　a．自然学［第二哲学]
　　α 物理学系統（『自然学』)
　　β 心理学系統（『心［魂］について』［霊魂論])
　　γ 生物学系統（『動物誌』)
　b．数学
　c．形而上学［第一哲学]
3．実践学［プラクシス(praxis)の学]
　a．倫理学（『ニコマコス倫理学』)
　b．政治学
4．制作術
　a．弁論術
　b．詩学［芸術論]

1．論理学

アリストテレスは形式論理学の祖である。これはその成立後二千年以上にわたって、ヨーロッパ学問の根幹であり続けた。その基礎となるのは三段論法で、これは「AはBである。BはCである。したがってAはCである」などとあらわされる。また、アリストテレスはものの述語を十に整理し、「カテゴリー」と名づけた。この語は今日では日本語としても用いられており、また「カタログ」の語源ともなった。

形式論理学に関連するほとんどの語、例えば「概念」「命題」「推理」「判断」他の定義づけ、「肯定」「否定」の別、「定言［断言]」・「仮言」（もし～ならば…である)・

「選言」（〜か…のいずれかである）の別、さらに同一律（AはAである）・矛盾律（A
は「Aである」と同時に「非Aである」ということはありえない）・排中律（Aは「A
である」か、あるいは「Aでない」かのいずれかである）の別、等々、これらはほぼ
すべてアリストテレスに由来する。

２．理論学

　アリストテレス自身が熱心な自然観察者であったため、膨大な量の自然学研究書が
遺されている。それらを読めば彼がいかに研究対象に忠実に向き合っていたかがわか
るが、一方アリストテレス自然学の誤りもその後の科学観に大きな弊害を及ぼした。
例えば「重い物は速く落下し、軽い物はゆっくりと落下する」とか、「地球は宇宙の
中心であり、その周りを太陽や月や星が廻っている」（天動説）などがそうである。
近世になってそれを刷新しようとしたのがF・ベイコン（本書でも後述）であり、彼
は実験に基づく帰納法によってアリストテレス自然学の虚偽を暴くことに努めた。

二　アリストテレスの形而上学

　アリストテレスがよく「万学の祖」と讃えられるのは、その学問の領域・射程の広
さと深さに由来する。特に自然観察の著作を読めば、彼がいかに強い好奇心と執念と
を自然に対して抱いていたかがわかる。

　しかし、なんといってもアリストテレスの最大の偉業はその形而上学である。「形
而上学」(metaphysics)とは「形を超越したものについて学」という意味で、形とは
感性的対象のことである（仏教でも同様に、例えば「色即是空」の「色」）。すなわち
形而上学が論ずるのは、自然学(physics)の対象を超越する(meta)もの、つまり「神」
や「存在そのもの」についてである（元々この名は「自然学」の「後」(meta)に配列
された書としてつけられたものだった）。アリストテレスの形而上学もまた、その後
二千年以上にわたって、西欧思想の根源となり続けた。

・質料と形相

　よくアリストテレスは現実主義的、プラトンは理想主義的などと図式化されるが、
プラトンのイデアとアリストテレスの「エイドス」（「形相」あるいは「本質」などと
訳される）は同じ語源からなる語であり、アリストテレスは師プラトンのイデア論（イ
デアを現実の外にあるとする）を批判的に摂取して、エイドスが「ヒュレー」（「質料」）
を伴なって現実の姿をあらわす、とした。例えば、「家」というイデアが、「資材」と
いうヒュレーによって形を有するようになったとき、イデアはヒュレーに内在してお

り、それがアリストテレスの「エイドス」である。

　プラトンの観念主義とアリストテレスの質料／形相主義とは、ヨーロッパ思想に底流する二元論である。本書でも既に述べたように、この二元論は近代ドイツ精神哲学において、ふたたび絶頂期を迎えることとなる。

・デュナミス、エネルゲイア

　また形相と質料に加えて、ここでは存在するものの運動の原理、目的あるいは善の原理などが考察される。これらは「可能態［潜在態］」と訳される「デュナミス」(dynamis)と「現実態［顕在態］」と訳される「エネルゲイア」(energeia)とに還元される。前者はあるいは potentia とラテン語訳され今日まで残っている（「ダイナミック」「ポテンシャル」）。後者は言うまでもなく、「エネルギー」の語源である。

・四原因説

　もう一つ重要なのは、アリストテレスの提唱する四原因説である。それによると、物事が生成し、存在するに至る原因は、次の四つ、すなわち１．物事が生成するもと、いわば材料としての「質料因」、２．物事の原型ともいえる「形相因」、３．物事の始まりとしての「起動因」、４．物事の終わりとしての「目的因」である。この四原因説を、家の建築の場合に喩えると、質料因としての材料、形相因としての設計図、起動因としての建設、目的因としての建築物（さらにはそこに居住すること）、という具合になる。あるいはこれらを１．活動の「対象」、２．活動の「構想」、３．活動の「実践」、４．活動の「完成」という過程と考えることもできる。

　なお補足すると、中世のキリスト教哲学（神学）においては、アリストテレスは唯一無比の哲学者だった。トマス・アクィナスをはじめとするスコラ神学者たちは、アリストテレス哲学を用いて、神と存在の問題、つまり信と知の問題を融和させることに努めたのである。

三　アリストテレスの知と行為

　さらにアリストテレスが展開した実践的学問もまた、重大な意義を今日なお感じさせる。明治の文明開化期にアリストテレスが日本で最初に注目されたときも、その倫理学に対する関心によるものであった。

３．実践学

　後代に深甚な影響を及ぼした彼の実践学では、主著に『ニコマコス倫理学』と『政治学』がある。特に前者は古代ギリシャにおいて初めて倫理学を確立した書であり（プ

ラトンの対話篇でももちろん倫理問題は採りあげられるが、倫理学に主題を絞って体系づけたのはこの書が初めて)、倫理学の根本思想として後世のあらゆる倫理学者が参照したといっても過言ではない。息子ニコマコスに説くためにリュケイオンで講じられたとされるこの書では、様々なことが論じられている。

実践的な感覚として快と不快、そこから積極的あるいは消極的な意欲、自然な意志傾向または衝動が成立する。これらの目標は最高善という幸福な生活状態であり、そこに導くような意志の傾向ないし態度が「徳」である。

・「中庸」

徳の本質は、感情・行動の両極端の正しい「メソテース」(「中庸」)に求められる。例えば「寛大」は放漫と吝嗇[リンショク・けち]との、「穏和」は怒りやすさと傍観的受容との、「勇敢」は無謀と臆病との、「友愛」は利己と無私との、それぞれ正しい中間である。

倫理的な教育および訓練は、人間の秩序ある集団生活においてのみ可能であり、これが国家である。アリストテレスの有名な言葉、「人間はポリス的動物である」とは、こうした共同体[都市国家／ポリス]へと通ずるべき倫理学の重要性を物語っている。こうして、倫理学は政治学へと進展してゆくのである。

４．制作術

古代ギリシャでは弁論術は最も大切な素養の一つであった(著名な雄弁家／政治家にペリクレスなどがいる)。ただし、プラトンがソクラテスをして、真理を相対化するソフィストの雄弁術を打ち倒し、理性に基づいて真理を追究する哲学の優位を説いたのに対して、アリストテレスは弁論術を重視していた。

アリストテレスは論理学(狭義の「弁証論」(Dialectic))において議論の本質を整備し、弁論術においてそれを洗練させることを目的としていた。弁論術(Rhetoric)は古代ローマ以降「修辞法」としてさらに発展することとなり、現代でも高等教育では必須科目とされている。

・芸術論の祖

一方、アリストテレスの悲劇論である『詩学』は、正しくは「制作についての術」を論じた書であり、芸術を主題として考察した世界最古のものである。ここでは事実の再現としての「歴史」に対して、事実を模倣(ミメーシス)する「悲劇」の優位が説かれ、全盛期のギリシャ悲劇こそが最高の芸術形態であることが論じられる(「喜劇論」がそれに続くはずだったが散逸してしまったとされる)。

【倫理学コラム】
司馬遷『史記』における倫理観——「天道是か非か」——

　西洋で「歴史の父」といえばヘロドトス(BC485ca.-420ca.)であり、ペルシャ戦争を主に描いた著書『歴史』は、西洋歴史書の中でも最もすぐれたものの一つである。もちろんペルシャ戦争だけでなく「エジプトはナイルのたまもの」という名言が含まれていることでもよく知られている。そしてヘロドトスにすぐ続く時代にも、トゥキュディデス(BC460ca.-395ca.)が『戦史』においてペロポネソス戦争を描き、これはまた、アテネ没落を通じて人間性の弱さと醜さを抉り出し、より心理学的分析にすぐれた名著として知られている。

　西洋古代のこの二人に並ぶ古代中国の大歴史家で「歴史の父」が司馬遷(BC145/135ca.-BC87/86ca)である。古今東西のうち最も重要な思想家の一人である司馬遷は、あるいはヘロドトスとトゥキュディデスの両者を凌駕して、まさに世界最高の歴史家であるといっても過言ではない。彼の生涯を捧げて執筆した『史記』は古今の歴史書の中でも最高傑作の呼び名が高い。『史記』は本紀十二巻、世家三十巻、列伝七十巻、その他からなる浩瀚なものである。

　『史記』は紀伝体で書かれている。これは「本紀」と「列伝」を主として構成され、特に数々の歴史的人物を活写した列伝は『史記』中の白眉である。「列伝」には司馬遷が選んだ重要人物の生涯がありありと描かれ、たんなる歴史書を超えた人間像の描写は、読者を説得させ感動させる力を有している。

　その列伝部の第一に、司馬遷は伯夷列伝を置いた。儒教の聖者と称される伯夷と叔斉についての物語である。大著『史記』列伝はこの「伯夷列伝第一」から始まるわけである。「末の世の人々は我勝ちに利益を争うなかで、ただこの二人のみが正義へ向かって振り返らず、国を譲り、飢え死にした。天下の人は、これを褒めたたえる」と司馬遷は述べ始める。「伯夷列伝第一」の終わりに当たる部分を、やや難しいが、以下に引用してみる。

　　　或ひと曰く、「天道、親なし、常に善人に與す」と。
　　伯夷・叔斉のごときは、善人と謂うべき者か、非か。仁を積み行いを潔くすること此くのごとくにして、而も餓死す。
　　　且つ七十子の徒、仲尼、獨り顔淵を薦めて、學を好むと爲す。然るに、回や

屢しば空しく、糟糠だに厭かずして、卒に蚤夭す。天の善人に報施すること、其れ何如ぞや。

盗蹠、日に不辜を殺し、人の肉を肝にし、暴戻恣睢、黨［党］を聚むること数千人、天下に横行し、竟に壽を以って終わる。是れ何の徳に遵うや。此れ其の尤も大いに彰明較著なるものなり。

近世に至るがごとき、操行不軌、専ら忌諱を犯して、而も終身逸楽し、富厚く、累世絶えざるあり。或は地を擇んでこれを踏み、時あって然る後に言を出し、行くに徑に由らず、公正にあらざれば發憤せずして、而も禍災に遇う者、数うるに勝うべからざるなり。

余、甚だ惑う。儻くは、所謂天道は、是か、非か。

現代日本語に訳してみると以下のようになる[2]。

（老子によれば）「天道は私心を持たぬ。いつも善人に味方する」とある。してみると、伯夷と叔斉のような人々は、善人とはいえないのであろうか。あれほど仁を積み行ないを潔くしたにもかかわらず餓死した。そればかりか、七十人の門人のうち、仲尼［孔子］が学を好む人として推したのは顔淵［顔回］ただ一人である。しかしその顔淵はしばしば貧乏に苦しみ、粗末な食物すら満足に食えず、とうとう夭折した。天が善人に良い報いをするというのは、いったいどういうことなのか。

一方、盗蹠は日々罪の無い者を殺し、人の肉を生で食い、兇悪で好き放題振る舞い、数千の徒党を組み、天下を暴れまわったが、天寿をまっとうして死んだ。これはいったい、いかなる徳によるものか。これらは、最も矛盾の顕著な例である。

近き世となっては、操行は道に外れ、忌憚るべきことをかえりみないのをもっぱらとして、しかも終生楽しみにふけり、富み栄え、代々子孫も絶えない者もある。一方で、よく確かめて地を踏み、時機を考えて後に発言し、行ないは徑を通らず（常に正道を歩く、公明正大な喩え）、正しきことのみ憤りを発する、それで禍いに遭った者の例は、枚挙に暇がない。私は甚だ当惑する。はたし

2　『史記 1』（学習研究社「中国の古典11」）福島中郎訳、1981 年 12 月、pp. 11-12, 32-33 を参照）

て天道といわれるものは、正しいのか、正しくないのか[3]。

　伯夷・叔斉［齊］はその死後、儒教の聖人とみなされた。『論語』によれば孔子は二人は事を憎んで人を憎まぬ人であるため恨みを抱いて死んだのではないと評しているが、孔子とは対照的に、司馬遷は『史記』列伝の冒頭に伯夷列伝を置き、その「采薇_{さいび}の歌[4]」を採り挙げ、二人は恨みを抱いて死んだのではないか、という見解を示しているのである。

　したがって、『史記』冒頭に置かれたこの「天道是か非か」という問いは、まさに『史記』全体を貫くテーマであるといえる。この二人をはじめとして、正しい人間が不幸な境遇に陥って、逆に極悪非道の輩どもが安らかに死を迎えるということはおかしいのではないか、と司馬遷は疑問を投げかけているのである。

　倫理は強制力を有しないといわれる。従うも従わざるも、その人次第である。しかし、善人が必ずしも報われるとはかぎらないように、悪人に必ずバチが当たるともかぎらない。「天網恢恢　疎にして漏らさず」という諺_{ことわざ}がある。『老子』や史書『魏書』に見える言葉で、「天が悪人を捕えるために張りめぐらせた網の目は粗いが、悪いことをした者は一人も漏らすことなく捕える」ということから、「天道は厳正であり、悪事を働けば必ずその報いがある」という意味であるが、はたして本当にそうだろうか。司馬遷はそう考えてはいないようである[5]。

---

[3] 原文は以下のとおりである（冨山房『漢文大系』第六巻（史記列傳上）、重野安繹校訂、冨山房編輯部編輯、1911（明治44）年4月初版：参照した版は1973（昭和48）年6月のもの）。「或曰。天道無親。常與善人。若伯夷叔齊。可謂善人者。非耶。積仁潔行如此而餓死。且七十子之徒。仲尼獨薦顏淵爲好學。然回也屢空。糟糠不厭。而卒蚤夭。天之報施善人其何如哉。盜蹠日殺不辜。肝人之肉。暴戾恣睢聚黨數千人。橫行天下。竟以壽終。是遵何德哉。此其尤大彰明較著者也。若至近世。操行不軌。專犯忌諱。而終身逸樂。富厚累世不絶。或擇地而蹈之。時然後出言。行不由徑。非公正不發憤而遇禍災者。不可勝數也。余甚惑焉。儻所謂天道是耶非耶」。

[4] 詩の内容は以下のとおりである。「彼の西山に登り、その薇_{ぜんまい}を采る。／暴を以て暴に易え、其の非を知らず。／神農、虞、夏、忽焉として没しぬ。／我安くにか適歸せん。／于嗟徂かん、命の衰えたるかな。」（周の武王が謀反を起こして殷の紂王を倒したことを批難して、山でぜんまいや蕨だけを摘みながら古代の善政を懐かしみ、餓え衰えて死んでいく心境を詠んでいる）

[5] その背景には、匈奴の虜となった友である李陵を庇い、かえって自らにもその累が及んで宮刑に処せられたという、司馬遷のこの上なく苦しく憤ろしい体験があったであろう。

5 古代から中世にかけての哲学

概要
一　古代末期（紀元前）
二　古代末期（紀元後）から中世初期

一　古代末期（紀元前）

　古代末期の哲学潮流で特に重要なのはストア派と新プラトン主義である。その他にも、エピクロス派、懐疑主義者（ピュロンら）、メガラ派に代表される小ソクラテス派（プラトン以外の、ソクラテスの弟子の系列）、プラトンの系列であるアカデメイア学派、アリストテレスの系列であるペリパトス学派などがあった。

　衰退するギリシャの諸ポリスに代わって地中海世界の覇権を握ったのはマケドニア帝国である。しかし政治的にギリシャを支配したマケドニアは文化面ではギリシャ文化と同化し、世界史でいうヘレニズム（ギリシャ主義）時代が到来する。そしてさらに台頭してきたローマによって地中海は再統一される。

1．ストア派

　ヘレニズム期に誕生したのが、ゼノン（BC335-BC263。前ソクラテス期のエレア派のゼノンと区別すること）を開祖とするストア派である。ストア派の倫理学では、自然にしたがって生きることのうちに究極の善を見出すことを最高の幸福と考え、外界に惑わされない「無情念・無感動」[アパテイア]を有する人間が最高の賢者とされた。その他にも、ゼノンの後継者クリュシッポス(BC280ca.-BC207ca. ca.は「約」)らよって、アリストテレス「オルガノン」を継承した論理学や、やはりアリストテレス理論学を継承した自然学、すなわち哲学三分野が論じられた。なお、ストア派はその後ローマ帝国時代まで数百年にわたり展開した。セネカやエピクテトス、皇帝マルクス・アウレリウスなどがその代表である。

2．エピクロス派

　ストア派とよく対比されるのがエピクロス(BC341-BC270)の学説である。エピクロスは快楽を唯一最高の善とみなし、人生の目的とした。ただしその快楽とは好き勝手にふるまうことではなく、苦痛と動揺から解放された「心の平静・不動の心」[アタ

ラクシア］であって、身体の健康、他のものに依存しない自由な精神状態のことである。それを乱す公的な生活から「隠れて生きよ」と、隠遁主義を主張した。

3．懐疑主義

古代の末期の懐疑主義（前ソクラテス期にもゴルギアスがいた）はピュロン(BC360ca.-BC270ca.)に始まる。我々は事物を在るがままに認識しているわけではなく、感覚によっても思考によっても、実在に触れることはできず、ただ事物が現象するままを認識することができるだけである。したがって現象は主観的なものだから、結果として我々は判断中止［エポケー］せねばならない。さらにこの判断中止は理論的態度においてのみではなく、人生における実践的態度において、アタラクシアという理想と結びついている。なお、古代末期の懐疑主義は16世紀半ばにラテン語によって広く紹介され、近代ではデカルトやヒュームやカントなど、さらに20世紀ではフッサール（現象学において「エポケー」を術語化した）など、大きな影響を及ぼした。

二　古代末期（紀元後）から中世

4．新プラトン主義

紀元前と紀元後との間では、当然のことながら、キリスト教の誕生という決定的な出来事が生じるが、哲学にキリスト教の思想が及んでくるのはもうしばらく後のことである。紀元後三世紀のプロティノスを代表とする新プラトン主義にも、キリスト教の影響はまだ及んでいない。新プラトン主義は、その代表者プロティノス(204-270)らが、プラトンのイデア論的な世界観を徹底したかたちで継承していることからそう称されている。プラトンもプロティノスも、不変存在たるイデアの叡智界に対して、我々の感覚する感性界は流転と相対性をまぬかれず、独立した実在性を有さないと考える点で一元論に立っている。プロティノスは主著『エンネアデス』（「九部集」という意味で、九部ずつの構成をとる）で、プラトン・アリストテレス以来、最も重要な哲学者と目されている。それはプラトンにおける善のイデアに相当する「一なるもの・一者」［ト・ヘン］を頂点として、全存在を階層的に統一構造化するものであり、万物は一なるものからの「流出」［エマナチオ］であると考えられている。

また、プロティノスの弟子のポルピュリオス(234-305)が著した『アリストテレス『カテゴリー論』注解』や、手引書である『エイサゴーゲー』は、ローマ期にボエティウスによってラテン語訳され、中世哲学に甚大な影響を及ぼした。それは論理学の発展においてのみならず、唯名論と実在論とをめぐる「普遍論争」のきっかけともなった。

6 アウグスティヌス

概要
一 中世哲学の概括
二 教父哲学
三 『告白』と『神の国』

Augustinus, 354-430

一 中世哲学の概括

　アウグスティヌス(354-430)について述べる前に、中世哲学全体を概括しよう。「中世」という呼称は、古代と近代の間、という意味を表す。西洋哲学史でも中世哲学は、かつては積極的に評価されてこなかった面がある。中世哲学をいつからとするかには諸説ある。本書では便宜的に、アウグスティヌスという大哲学者をもって古代と中世との橋渡し役として、キリスト教の影響を受ける前の時代の新プラトン主義までを古代、キリスト教時代の到来と教父哲学以降を中世、という区分を採る。
　中世哲学を学ぶなら、１．ギリシャ教父、２．ラテン教父（アウグスティヌスはここに含まれる）、３．ボエティウス、４．偽ディオニュシオス・アレオパギテス、５．エリウゲナ［ヨハネス・スコトゥス］、６．アンセルムス、７．ビザンティン哲学、８．１２世紀ルネサンス、９．古典イスラム哲学、１０．スコラ哲学とアリストテレス、１１．トマス・アクィナス、１２．ボナヴェントゥラ、１３．ラテン・アヴェロ

エス主義、１４．ガンのヘンドリクス、１５．ドゥンス・スコトゥス、１６．ウィリアム・オッカム、１７．マイスター・エックハルト（、さらにこの後にニコラウス・クザーヌスを置く場合もある）その他と、ざっと見渡してみてもこれだけ充実した面々が揃っている。

特にエリウゲナ、アンセルムス、ボナヴェントゥラ、スコトゥス、オッカム、エックハルトはそれぞれ重要な思想家であり、中世哲学史の本で学ぶとよいだろう。なお、西ローマ帝国衰亡期の荒廃から逃れたイギリス地方で、伝統的に哲学が盛んであったことは特筆すべきである（エリウゲナ、スコトゥス、オッカムをはじめ、フランク王国のカール大帝に招かれて「カロリング・ルネサンス」を現出したアルクィヌスなど）。

二　教父哲学

教父哲学とはキリスト教（カトリック）の教父によって展開された神学のことである。中世初期に、ギリシャ系の教父とラテン系の教父とそれぞれ盛んに論じられた。

アウグスティヌスはラテン系に属し、すべての教父中で最大の人物とされている。例えば、20 世紀の哲学者ヤスパースはその哲学史書のなかで、ソクラテスを別格としてそれに次ぐ三大哲学者に、プラトンとカントに匹敵する人物としてアウグスティヌスを挙げている。そのことからも、アウグスティヌス哲学の重要さと影響力の大きさがわかるだろう。

教父哲学の後、中世半ばごろには教会附属の学校（スコラ）で神学を中心に学問が展開されるようになり、「スコラ神学」（スコラ哲学）の時代が訪れた。そして 12 世紀半ばごろにパリ大学が創設されたのを契機に、欧州各地で設立された大学における議論へと発展していく。

三　『告白』と『神の国』

アウグスティヌスの二大主著といえるのが『告白』と『神の国』である（なお、晩年の彼は自分の膨大な著作群を回顧し『再考録』を著しており、各著を概括している）。

・『告白』

若いころに放埒な暮らしを送り、マニ教に帰依していたアウグスティヌスが、回心し教父となって宗教に生涯を捧げるようになる半生を描く。学術的にも、有名な時間論や記憶論を含み、また終わりの三巻（アウグスティヌスの著作における「巻」はおおむね「章」ないし「部」に相当する）では独自の『創世記』論がなされている。

・『神の国』

　北アフリカのヒッポで司教として宗教活動に従事していたアウグスティヌスの晩年は、ローマ帝国の分裂および衰亡の時代と重なっていた。410 年にはゴート族がローマを陥落させ、世情は大きく荒れていた。そのころ噴出したキリスト教への批難に対し敢然と立ち上がったアウグスティヌスが著したのがこの『神の国』である。この全二十二巻という大著のテーマは神の普遍史（救済史）で、天地創造以来の歴史を、人間が住まう地の国と、それに覆われて隠されている神の国のそれぞれについて述べる（前半で地の国、後半で神の国）。壮大な論述は神の栄光を讃えつつ閉じられる。

【論文1】
アウグスティヌスの『音楽論』と『告白』における「記憶」について

序

　アウグスティヌスは古代末期から中世初期にかけて西洋思想に決定的な影響を及ぼした偉大な人物である。20世紀ドイツの哲学者ヤスパースは彼を高く評価した。彼によれば、まずソクラテス、そしてプラトン、アウグスティヌス、カント（この三人は「哲学することの産出し続ける創造者」とみなされる）こそが西洋哲学史で最も偉大な哲人たちである(Cf. Jaspers 1957: 46-47, 227-233)。

　その彼の名を音楽美学の歴史において見出すのは、第一に、後に師となるアンブロシウスによる讃美歌に心を打たれキリスト教に回心し、その師から洗礼を施され、自らも聖歌の歴史に大きな貢献を果たしたことである。これは彼の思想全般、そのキリスト教思想の本質を理解するうえで重要である。一方で、後述するように、彼は真の信仰の妨げとなる音楽の誘惑に対する批難者でもあった(Cf. Jaspers 1932: 337)。

　第二に、その名も『音楽について』（De Musica. 以下『音楽論』）を著して、彼に先立つプラトン『ティマイオス』[6]やプロティノス『エネアデス』[7]とともに、後世へと受け継がれていく音楽美学の嚆矢としたことが挙げられる。六巻［部］からなるこの書は通常の「音楽論」の書ではない。まず展開されているのは聖歌の詩句をめぐる韻律論であり、特異なものである。音楽の主要素である旋律論は、『再考録』第1巻第6章や遺された書簡などの史料（メモリウス宛書簡101）から、書かれなかったか、あるいは何らかの理由により、書けなかったものと推測されている。

　『音楽論』では韻律論およびそこからの思弁によって、アウグスティヌス特有の、超越的な神の美的世界の探究が展開されている。この書の主題は、音楽という現象そ

---

[6]　例えば、「すなわち、言葉はまさにその目的（論者補：神を模倣し、我々の中のさまよう運動に秩序をおくため）のために整えられ、その極めて大きな部分をそのために寄与するが、それだけでなく声を聴くのに役立つ音楽の部分も調和のために贈られたのである。その調和は、わたしたちの中にある魂の回転と同族の運動を持っており、それは理性をもってミューズの女神たちと交わる人々にこの女神たちから与えられたのであるが、それはこんにちそう思われているような非理性的な快楽のために役立つのではなく、むしろ私たちの中に生じた魂の不調和な回転を秩序づけて、共鳴させるためである。韻律もまた同じ目的のために同じ女神たちによって与えられた救助者であるが、それは私たちの大多数が節度なく優美を描いた状態にあるからである」（プラトン『ティマイオス』47c-e）などを参照。

[7]　例えば、I-6「美について」冒頭「美はおもに視覚の対象となるものであるが、ことばをたくみにくみあわせたもの（たとえば詩など）を聞いたり、いろいろな音楽を聞いたりする時には、聴覚の対象ともなるというのは、メロディーやリズムも「美しい」からである」などを参照。

のものを論ずることにあるのではなく、むしろ音楽を通して神に通じようとする形而上学の試みで、『音楽論』はその目的について「我々が「物体的なもの」から「非物体的なもの」へ移行するために」（『音楽論』第6巻第2章2）と述べ、後年、『再考録』でも「物体的なものを通じて非物体的なものへ」（『再考録』第1巻第6章）と言い換えていることからも裏づけられる。そして「精神性に重点をおいた心理的倫理学的な転向が歴然と認められる」（田中2013: 87）のはとりわけ第6巻において顕著である。

　執筆年代は387年からおよそ391年まで（諸説ある）、この時期の彼の重要な活動は、後の5世紀初頭にマルティアヌス・カペラによって掲げられた「七自由学芸」(septem artes liberales)、文法学、修辞学、弁証法、算術、幾何学、天文学、音楽、これらについて単独の書を著わすことであったとされている。ただし実際にはほとんど果たされず、また書かれたものもほぼすべて失われ、そのなかでも『音楽論』は旋律論こそ欠いているものの、例外的に一書の体をなす。

　そもそも『音楽論』は、その前後に著わされた書のうち、『秩序論』[8]や『魂の不滅について』、『魂の大きさについて』[9]、そして『告白』（400年頃成立か）における

---

[8]　例えば、より初期の『秩序』第2巻第12章第39-41節では音楽と詩について述べられる。「理性は、耳という裁判官に属するものは音以外の何ものでもないこと、音には三種類あることを理解した」。すなわち、「生物の声によるもの」、「楽器を息で吹いて生ずるもの」、「叩くことで生ずるもの」である。第一の種類には「声で歌う人々すべて」が、第二には「笛」やそれに類する楽器、第三には「叩くことでメロディーを出すもの」がそれぞれ属する。いわば「『秩序論』そのものが『音楽論』の序論となっている」（田中2013: 86）ともいえよう。

[9]　例えば『魂の不滅』第4章第5節の「数の理念」についての所説は、『音楽論』とも大いに通じ合う。それによれば、数の理念は不変的であり、この理念に合致しない芸術は無い。また、これは理念であるから、芸術家が制作しないときでも、芸術が芸術家のなかには存在しないことなどありえない。不変なものはいついかなるときでも存在し、芸術と理念とは同一のものなのである。

　一方、『魂の偉大さ』第4部では、有名な「魂の偉大さの七段階」説が展開されている。それは1. 生命(animatio)、2. 感覚(sensus)、3. 術(ars)、4. 徳(vitus)、5. 平安(tranquilitas)、6. 移入(ingression)、7. 観照(contemplatio)である。この段階のそれぞれに魂の様態としての固有の美が認められ、しかもは「魂のヒエラルキー的価値構造を示すものであり、同時に魂の美の価値的階梯」である。こうした「魂が世界と自己を知り、それらをともに超越する究極的な神にまで至りうる道」（田中2013: 87）としての階梯は、「物体的なものから非物体的なものへ」の道程と対応している。

　なお、contemplatio（「観照」あるいは「観想」）と speculatio（思弁）との結びつき、および芸術との関連について、伊野2012ではまずアウグスティヌスにおいて「観想的生活」(via contemplativa)によって倫理的修練を通じ知性に由来する真の自己を発見した霊魂が知性へと自己を純化し神に向かい上昇するという考え方へと発展したこと（伊野2012: 157註7）、また、ギリシャ以来の概念である speculatio がボエティウスにより、やはりギリシャに由来する theoria（理論）や、あるいは contemplatio と同義のものとみなされた（これは邦訳語における入れ替わりなどにも反映している）こと（伊野2012: 116-117）、そしてヤスパースが「音楽のなかで、人間の帰依の瞬間は、感動させられるが、それだけますます、現存在のうちでは途方に暮れるだけである」(Jaspers 1932: 337)と述べ、思想史における音楽反対論者としてアウグスティヌスを例に挙げていることに言及している（伊野2012: 107-108）。

有名な記憶論など、他の重要著作と照らし合わせることによって初めてその本質が理解できる。その理由は、他の多くの大思想家と同様、アウグスティヌスの芸術論においても、音楽や美術がそれのみで単独の問題となることはなく、あくまで哲学・神学における普遍的な問題として考察されているからである。そしてその普遍的な問題とは、いうまでもなく超越的な神にほかならない。

第1章　リズムの区分

さて、『音楽論』全六巻でまず議論されるのは、第1巻の有名な定義「音楽とは正しく調節する知識である」(Musica est scientia bene modulandi)で、ここから彼は「知識」とは、「正しく」とは、「調節する」とは、と着眼点を列挙し、考究を進めていく。

ただし本論文が特に注目するのは、同書中の最重要巻とみなされ、また後代の研究者によって、明らかに後年の加筆と目されている最終巻、そこで提示される「リズム」説である（リズムの原語は numeri で、「数」(numerus)に基づいてこう訳される）。

リズムは第一に「音響的リズム」(numeri sonantes)あるいは「物体的リズム」(numeri corporeales)、第二に「反応的リズム」(numeri occusrores)、第三に「能動的リズム」(numeri progressores)、第四に「記憶的リズム」(numeri recordabiles)、第五に「判断的リズム」(numeri judiciales)あるいは「理性的リズム」(numeri rationabiles)と区別され、最後のものはさらに第6巻後半で「判断の感覚的リズム」(numeri sensuales)および「本来の意味での判断的リズム」に区別される。その位置づけを考えてみよう。

第一の音響的リズムとは現実に鳴り響いているリズムである。例として挙げられるのはアンブロシウス聖歌の一句"Dĕūs｜crĕā｜tŏr ōm｜nĭŭm"（万物の創造主である神よ）である。ここではリズムが客観的な音の世界のなかに存在しており、その事実を否定することはできない。我々主体にとっての外的なリズムである。

対して、この外的リズムを聴く人間の内面に、幾種類かの様態のリズムが識別できる。それら内面的リズムで、まず挙げられるのが、第二の「反応的リズム」であり、外的リズムによって我々の耳が刺戟され、聴感覚のなかで惹起される。したがって、これは外的リズムが存続するかぎりで直接に反応し感覚のなかに生じるリズムである。

次に第三の「能動的リズム」は聖歌の口誦、舞踊、楽器の演奏などの行為によって外に向かって発する際に、ただし我々の内面に認められるリズムである。すなわち我々の外界に向けての表現活動における、人間精神の能動的な活動のうちに生ずる。

そしてさらなる内面的リズムとして、上記の外的な「音響的リズム」とも、同じく内面

的な「反応的リズム」や「能動的リズム」とも密接な関係をもち、重要な意味を有するのが第四の「記憶的リズム」である。これは先の三種のリズムとの関係において成立するのではあるが、記憶のなかに刻みこまれたかぎりでは、もはや三種のリズムが消滅しようとも、それにとらわれずに自由に再現したり、構成したりすることが可能である。その意味で記憶的リズムは先の三種のリズムに比してきわめて特異なものであるということができる。

　ここでアウグスティヌスは、これら四種のリズムの序列、それぞれの上下関係について演繹をおこなっており、その議論はきわめて有意義なものであるが、今回はそれについての詳説は割愛して、ひとまず検証を進めることにする。

　内面的なリズムの最後に彼が挙げている第五「判断的リズム」とは、人間の生得的な感覚的判断能力のなかに先天的に存在しているリズムであって、外的リズム（音響的）はもちろん、他の三つの内面的リズム（反応的、能動的、記憶的）についての判断そのものを可能にさせるもの、すなわちリズムによってもたらされる快・不快の感情の規準となる。我々の聴感覚がもつ、いわば心的調和（田中 1996: 82）ともいうべきものであり、これがリズムの調和と不調和とを聴き分ける能力の裏づけとなる[10]。

　そして第6巻後半でこの判断的リズムをさらに「判断の感覚的リズム」と「本来の意味での判断的リズム」とに二分した意味とは、以下のようなものである。彼によると、判断的リズムは他の四つのリズムを判断するものとして、最上位に置かれる。なぜなら、判断「する」ものは判断「される」ものに、つまり「働きかけるものは働きかけられるものに」先立つという、古代ギリシャ以来の哲学観が存在するからである。

　この判断リズムは、さらに吟味してみると、第一に、他の諸リズムが快であるか否かを感覚が直接的に判断できるための潜在的規準として、あくまでそこに所与されているリズムといえる。これが感覚的リズムである。これに対して第二に、この感覚的リズムを規準として直接的に判断された快・不快を、さらに正しく判断する、いわば真の判断、いわば判断の判断は、もはや直接的な感覚ではなく、より上位にある理性のみに許されている。この理性におけるリズムこそが真の判断的リズムとして、元の

---

[10]　さらに私見では、ここで聴覚のみならず他の共通感覚も作用していると思われる。例えば中村の共通感覚論もその点を見落としていない。中村は「よく拍子づけることの知」（"Musica est scientia bene modulandi"を彼はこう解する）であるアウグスティヌス音楽論を「魂のリズム論」と捉え、「真の音楽とは、身体的な模倣以上のもの」であり、「知は魂のみに属するが、模倣は身体のある種の服従に帰せられる」と考える（中村 2000: 52, 65）。したがって、身体的・物体的である音楽が、いかにして非物体的なものへと昇華させられるかが問題となり、「音楽をなによりも、生命的な時間との関係で捉え」、「物体的なものから非物体的なものへの上昇の階梯あるいは審級として」（中村 2000 : 71）みなすことが重要なのである。

判断的リズムとは区別されるのである。

　この勝義の判断的リズムは人間の理性のうちにあって、他のすべてのリズムが時間的そして可変的なものであるのに対して、永遠不変なものである。この理性に基づく判断的リズムこそが、他のすべてのリズムの上位にあって、それらが「正しく」「調節」されているか否かを、真の意味での美的意味において判断する。したがって、アウグスティヌスの美学は虚ろな感性論ではなく、倫理的な価値に関するものとなる。彼の音楽論の本質はこの真の判断的リズムにあり、これこそが他のあらゆるリズムの内的原理そのものとして、音楽の「正しい調節」の規範と目されているのである。この勝義の判断的リズムである理性的リズムこそが、『音楽論』を経てアウグスティヌスが見出しえた本来的なものとなる。

第2章　記憶の意義

　そしてアウグスティヌスの議論はさらに本題である超越的な神による永遠不変なリズム、神的世界への考究へと進むが、本論文ではここで一旦その流れから離れて、記憶的リズムについてより詳しく確認する。アウグスティヌスが記憶的リズムとして挙げたものは、後述するように、本来は『告白』の記憶論と関連づけて、入念に検証する必要が存在するからである。

　さしあたり要点のみをここに掲げるとすると、次のようになる。記憶的リズムは外的リズムに先立つことはない。なぜなら前者は後者に触発されたものであり、時間的な先後・因果関係が存するからである。しかしだからといって、前者が後者の下位に位置づけられるべきとのみ考えてもいけない。新プラトン主義に多大な影響を蒙ったアウグスティヌス独自の見解によれば、たとえ外的リズムによる刺激として我々の感官に入ってきたものであっても、それに対して我々の魂が積極的に働きかけることがなければ、我々の感覚はけっして生じえないからである。そこに、外的刺戟に対する精神の優位が主張されることになる。したがって、アウグスティヌスは時間的に先立つ外的リズムこそむしろ、記憶的リズムを含めた他の内的リズム（反応的、能動的、そして判断的）の下位に置くべきものであるとする。因果関係よりも精神を起源にもつ内的リズムの方を重要視するのである。

　さらに、受動性を旨とする記憶的リズムも、例えば『告白』の記憶論によると積極的意義が見出される。記憶という広大な領域に存在する、本来は感覚から独立した、あるいは感覚を凌駕すらしているイメージを考慮すれば、むしろ反応的リズムや能動

的リズムよりも優位に置かれるべきである。彼がそう考えるのは、記憶的リズムによるイメージこそ、自由な想像力によって、もはや感覚の介在なしに、自由に結合され、分離され、再生されるものだからである。いわば『告白』に先立って彼は既に『音楽論』においても同様の見解を示していると考えられ、記憶の領域に属するまさに記憶的リズムは、やがて消え去ってしまう一時的な反応リズムや能動的リズムより優位にあるものであり、むしろそれらの生成に大きな役割を果たしてすらいるのである。

　『音楽論』の後ほどなくして書かれたという前期の主著『告白』には、数多くの重要な問題が存在する。なかでも古来盛んに論じてこられたのが「時間論」であり、また「記憶論」である。

　時間論は同書第11巻で展開される。有名な「ではいったい時間とは何でしょうか。だれも私にたずねないとき、私は知っています。たずねられて説明しようと思うと、知らないのです」という言葉（第11巻第14章）に引き続き、自分は知っていると確信をもっていえることとして、「もし何ものも過ぎ去らなければ、過去という時はないだろう。もし何ものもやってこなければ、未来という時はないだろう。もし何ものもなければ、現在という時はないだろう」とする。そして「すなわち、私たちがほんとうの意味で「時がある」といえるのは、まさしくそれが「ない方向にむかっている」からなのです」と述べる。

　こうして、とりわけ過去と未来の存在が揺らぎ出す。しかし、だからこそかえって現在は揺るぎないものとなる。「もしも未来と過去とがあるとするならば、私は知りたい。いったいどこにあるのかを。それを知ることが、まだ私には不可能であるとしても、すくなくとも次のことを知っています。どこにあるにせよ、そこにおいてそれは未来でも過去でもなく、現在であるということを」（第11巻第18章）。過去と未来とは、現在によってこそ明らかとなるのである。

　したがって厳密には、「三つの時がある。過去についての現在、現在についての現在、未来についての現在」（第11巻第20章）ということになる。ではこの三つはいったいどこにあるのか。その答えを、アウグスティヌスは直後にこう導き出す。「じっさい、この三つは何か魂のうちにあるものです。魂以外のどこにも見いだすことができません。過去についての現在とは「記憶」であり、現在についての現在とは「直観」であり、未来についての現在とは「期待」です」（第11巻第20章）。

　こうして時間論は記憶論へと通ずる。だがその前に、以上のようなアウグスティヌスの演繹を、例えば中村の整理に基づいて確認しておこう（中村 2000: 59-60）。

一、時間というのは、それを意識しないときには、それが何かは〈わかる〉が、あらたまってそれはなんであるかと問われると、たちまち〈わからなくなる〉。だから、意識による対象化という仕方は、時間への接近方法として適切ではない。

二、通常分けられている過去・現在・未来という時間の三つの様態は、別個に独立してあるのではない。そうではなくて、実はそれぞれが、〈過去についての現在〉、〈現在についての現在〉、それに〈未来についての現在〉を指している。

三、これら三つのものについての現在から成る時間は、ほかのどこでもなく我々の〈魂〉のうちにあるので、正確な言葉で語るのは難しい。しかしながら、人びとは、多くの場合、そのような不正確な表現を通しても、言われていることの何たるかをよく理解し合っている。

ここで本論文が中村説を援用している理由は、第一に、註6で述べるように、彼が独自の「共通感覚論」に拠ってアウグスティヌス時間論・記憶論を検証していること、第二に、それが『告白』の時間論・記憶論そのものの検証にとどまらず、むしろ翻って『音楽論』検証の一環として効果をあげていること、この二点で、中村説と本論文とは意図が共通しているからである。したがって、アリストテレスがアウグスティヌスとはまったく別の観点から「時間を捉えるのは〈共通感覚〉（コイネー・アイステーシス）の働きだと見なした」（中村 2000: 60）ということ、そして中村がこの検証のより先の段階で、〈自分の知っている歌をうたう〉場合における精神の在り様を考察していること、これらについても本論文と関心を共有している。そもそもアウグスティヌス自身が、この第11巻の末尾において、音節や詩句についての考察へと進み、特にその第27章では『音楽論』でも周知の先述の句"Deus Creator omnium"すら採りあげているのである（この詩句を含む全文は既に第9巻第12章に引かれていた）。

第3章　「分散」から「緊張」へ

まず『告白』のテキストの流れに沿って、アウグスティヌス自身の叙述を引いてみよう。「この音節はあの短い単音節の二倍の時をもっている」、「私たちはこれらのことをいったり聞いたりし、自分のいうことを相手に理解され、相手のいうことを理解します」（第11巻第22章）。あるいは、「また私たちのことばの中で、ある音節は長く、ある音節は短いのも、前者は長い時間にわたってひびくのに、後者は短い時間にわたってひびくからではありませんか」（第11巻第23章）。

興味深いのは、アウグスティヌスが時間の持続や拡がりに着眼していることである。

「それゆえ、時間とは一種の延長 (distentio) であることがわかります」（第 11 巻第 23 章）。では何の拡がりかということ、これについてアウグスティヌスは直接答えてはいない。それどころか彼は直後で「だが本当に自分にはわかっているのだろうか。わかった気がしているだけのことではないのか」と苦悩すらしている。しかし中村説によれば、それは「〈精神そのものの拡がり〉であるとしか考えられない」（中村 2000:62）。なぜなら、過ぎ去りつつある時間とは、ただ精神にしか属さないからである。

"Deus Creator omnium"「デェ・ウス・クレ・アア・トル・オム・ニィ・ウム」、この八つの短音節と長音節とを交互に用いた詩句において、長音節が短音節の二倍の長さをもっていることを知るのはいかにしてか。なぜなら、それによって測る短音節も、それを測る長音節も、鳴り響いて飛び去り、今はもう無いからである。

しかし彼はこう答えを導き出す。いや、むしろ「それができるのは、これらの音節が過ぎさって、終わってしまったからです。それゆえ私が測るのは、もはや存在しない音節そのものではなくて、何か自分の記憶の中に深くきざみつけられてとどまっているものなのです」（第 11 巻第 27 章）。この「自分の記憶のなかに深く刻みつけられ、とどまっているもの」こそ、「測られる時間」にほかならない（中村 2000:62）。

歌の場合についても同様である。自分の知っている歌を歌う場合、「うたいはじめる前には、私の期待はその歌の全体にむかっています。ところがうたいはじめると、期待からもぎとって過去へとひきわたした部分には、記憶がむかいます。そこで私の精神活動の生きた力は、二つの方向に分散します(distendere)[11]。一つは記憶の方向であり、それはすでにうたい終えた部分のためです。一つは期待の方向であり、それはこれからうたおうとする部分のためです。しかも私の直視はいまここに現在あり、それをとおって、未来であったものは移されて過去となってゆくのです」（第 11 巻第 28 章）。重要なのは、時間と自己の関係とは、もともとは、こうした分散状態に本質があるということである。「いくつかの方向への分散状態が私の生命なのです」（第

---

[11] この「分散」について、山田はこう説明している（『世界の名著 14』431 頁訳註 4）。「うたわれる前には、私の心は期待としてその歌の全体に「むかっている」tendere。うたいはじめると、すでにうたわれてしまった部分にたいしては記憶が「むかい」tendere、まだうたわれてない部分にたいしては期待が「むかい」、かくて私の心のはたらきは二つの方向に「分かたれて」dis「むかう」tendere、すなわち、distendere する」。

この distendere こそ、先述した「延長」(distinctio) が由来する動詞であり、接頭語 dis は「分散」を示す。「ゆえにそれは分散した方向にむかうことで「延長」の意味となる」。山田は次のようにまとめている。一、時間とは、過去、現在、未来という三つの方向に分散して伸びている心（第 11 巻第 26 章第 33 節の用法）。二、心が永遠を忘れて、時間的なもののうちに自己を分散させている状態（第 11 巻第 29 章第 39 節の用法）（『世界の名著 14』427 頁訳註 3）。

11 巻第 29 章）。そしてアウグスティヌスにおいて「分散」から「緊張」への転換が図られる。アウグスティヌスは自己の使命をこう理解する。「私は過去のことを忘れ、来たりまた去りゆく未来のことに注意を分散させずに、まのあたり見るものにひたすら精神を集中し、分散(distentio)ではなく緊張 (intentio) によって追求し、天上に召してくださる神の賞与をわがものとする日までつづけます。その日、私は讃美[12]の声

---

[12] 讃美(laudis)に関連して付記すると、書名『告白』の意味を七十人訳ギリシャ語聖書の ἐξομολογεῖν［エクソモロゲイン］との対比に遡って考察したものとして、邦語文献ではまず岩下 1942 : 189, 191-192 を参照。「勿論かの書に於いてアウグスチヌスは自己の罪業を懺悔してをり、confessiones なるラテン語がその意味をも有することに間違ひはないけれども、キリスト教文学に於いては、此語は夙に「神の恩寵を公にほめたゝへること」を意味するに至つた。其淵源は七十人訳ギリシャ語聖書に遡り、ラテン語の confiteri に該當する ἐξομολογεῖν が既に神思想讃美の義に用ゐられてゐる」（岩下 1942 : 191-192 註2)。

　そして最も詳細には山田 1977: 3-27, 28-48 を参照。山田は岩下説に同意を示しつつも、「しかし confessio をただちに laudatio と同一視することはできない」とし、「いったい罪を懺悔することが、どうして神を讃美することになるのであるか」と問題提起する（山田 1977 : 3)。主に『詩篇講解』に即したその後の論議をここで詳説することはできぬが、まず「ものごとをあるがままに認めて、これを言葉によって表明する」という意味を、アウグスティヌスが confessio という語のもとに把握していた「一つの根源的なる意味」と理解する(山田 1977 : 7)。

　そして神を「讃美しうるのは、厳密にいえばただ人間だけである。しかしその意味を拡大するならば、人間以外のすべての被造物が神を讃美しているといえる。「讃美とは、神の善を認め、それを言葉によって表明することである」（山田 1977 : 9-10)。さらに神の善を認めうる全自然を拡大して解釈すれば「物体的自然のみならず霊的自然たる天使をも含めること」ができる。ただ天使が神を讃美する声は「人間の声のように、時間のうちに始めと終わりとをもつ「ひびき」ではないから、人間の耳には聞こえない」（山田 1977 : 10)。「さらにまた、「讃美」ということを別の意味で広く」取り、「言葉」ということを、意味表示する「音声」vox significativa としてではなく、一般に何ものかを表示する「しるし」signum の意味に取ることがもしも許されるとするならば、その存在によって神の善を反映する全自然は、まさにその存在によって神を讃美しているといえる」（山田 1977 : 10)。

　先に「讃美しうるのは、厳密にいえばただ人間だけ」とあったが、その可能性と現実性、さらにその現実性と恒常性について省みれば、人間は「「讃美しうる」可能性において在るにもかかわらず、同時に「讃美しない」という現実性において在る」がゆえに、Confessiones は『讃美録』であるとともに、『懺悔録』でもあったのである（山田 1977 : 11-12)。

　或る意味では「讃美」は人間によって、決して自然本性的なことであるとはいえない」（山田 1977 : 12)が、「もう一つ必要な条件」、すなわち「知力が発見した神の善をよろこんで承認し、これをよろこんで言葉に表明する意志のはたらき」によって、自然本性的でもある（山田 1977 : 12-13)。「たとえ明晰な知性が神の善を十分に認めえたとしても、それを神に帰することを意志が拒む」、こうした「意志の顛倒の原因は神からの「背反」aversio にある」（山田 1977 : 13)。

　しかし、「意志が自己の背反を神に懺悔するとき、すくなくともそのときにおいては、意志は神から「背反して」averti いない」、かえって「神に「向き直って」converti いる」。この転換が「回心」conversio である（山田 1977 : 19)。『エレミア哀歌』「主よ、われらを汝に convertere せしめ給え、さればわれらは汝に converti せん」(5: 21)は、「アウグスティヌスの立場をよくあらわしている」（山田 1977 : 20)。

　『音楽論』ではたびたび指摘される、同書執筆過程での「キリスト教的倫理」の立場への移

を聞き、来ることも去ることもないあなたのよろこびをながめることでしょう」（第11巻第29章）。アウグスティヌスはこうして、分散から緊張への転換（あるいは回心）を図ることで、「人間の耳には聞こえない」、しかし「神のもとに、永遠にどよめいている」「至福なる天使」の「讃美の声」（山田1977：10参照）を聞くことができるのである。

第4章　キリスト教的倫理の域へ

　本論文では『音楽論』第6巻のリズムの区分から、「記憶のリズム」に着目し、その記憶の意義を『告白』における時間論ならびに記憶論と関連づけて考察した。最後に、こうして示された記憶の意義を、ふたたび『音楽論』における記憶リズムと、それより上位に置かれた真の判断リズムとに照らし合わせて検証し、両者がいずれもキリスト教倫理思想により乗り越えられることを明らかにする。

　『音楽論』は多元的な性質を帯びた書である。ピュタゴラス主義の数論書として、「物体から非物体」・「感覚から理性」へという新プラトン主義の哲学書として、七自由学芸の一書として、美と善の合致という「美学即倫理学」の書として、等々の側面から、もれなくこの書の意義を考察していくことは、たいへんな労力を要するであろう。ただしこうした諸側面も、けっして分裂や矛盾としてではなく、著者の生きた時代（紀元4世紀後半から5世紀前半）の思潮を反映するものであってむしろ必然的なものであると考えるべきである。

　彼自身は『再考録』における『音楽論』の箇所で、いかに「物体的かつ霊的であるが変化するリズムから出発して、不変の真理そのもののうちにすでに存する変化しないリズムへと到達するか」、およびいかにして「神の、目に見えない本性が被造物を通じて知られ、はっきりと認められるか」（ロマI-20）という問題について論じていると述べている（『再考録』第1巻第11章1）。先述のように、神の不可視的な本性、あるいは「至福なる天使」による「讃美の声」は認知不能なものであるが、「キリストへの信仰」によってそれは可能になると彼は確信している。そして自著から引きな

行 (Cf. Marrou 1938; O'Connell 1978)が看て取れる。原は『音楽論』について、「古代ギリシアの理論とキリスト教の神学の融合」を同書の重要な特質としている（原1983：43）反面、第6巻になると、ピュタゴラス主義的な数論は「断片的に散見されるに過ぎ」ないとしている（原1983：60）。まさに思想の重大な変遷を窺える。

　なお、今道は「告白がいかに神を讃えることに連なるとしても、告白である以上は自己の内面や、身辺に生起する細かな事件における神の恩寵や、自己の罪科を述べることになるであろう」と述べている（今道2010：113および537註28を参照）。

がら「実際、身体はそのようなリズムによってより調和のとれたものになればなるほど、ますますより勝れたものになる。だが、魂は肉の感覚から離れそして「知恵」の神的なリズムによって矯正される時に、身体を通じて受け取るリズムを断つことによってより勝れたものになる」(『音楽論』第 6 巻第 4 章 7。以下、特記しないかぎり出典はすべて『音楽論』第 6 巻) と述べている。しかし、身体はむしろ物体的なリズムによって「より美しくてより均り合いのとれたものになる」(『再考録』第 1 巻第 11 章 2) とも言い換えられている先の引用の前半部は、その後半部といかに整合性を保ちうるのか。

それは以下のような彼の考えに基づく。彼は、物体的なもの、すなわち「我々の下位にあるもの」と、非物体的なもの、すなわち「我々の上位にあるもの」の間に、我々自身を位置づける。そして、我々はより下位にあるものによって不快にされず、「より上位にあるものだけに喜びを感じる」。そのとき、より上位にあるものとは、「いかなる変化も」ゆえに「時間も存在しない」、「それにおいて至高の、揺るぎのない、不変の、永遠の「等しさ」が住まうもの」(illa in quibus summa, inconcussa, incommututabilis, aterna manet aequalitas) にほかならない。彼は我々が希求し従うそれを、「宇宙の詩」(carmen universitatis)と呼んでいる (第 11 章 29)。

この物体から非物体への移行を、時間と永遠に関わるリズム論に当てはめるならば、「時間的な事物を専念する魂において生じる」時間的リズムが、「過ぎ去ることによって生み出すものであるけれどもそれなりの美しさを持つ」とすれば、それは「罰としての我々の死すべき定めから由来して形成される」ものであり (第 11 章 33)、「永遠にして不変の神から」「魂に分け与えられる」「永遠のもの」たる「リズムの「等しさ」」(第 12 章 36)、つまり「数的調和」(numerositas) (第 13 章 38) の追究こそが、アウグスティヌスにとって真の課題となる。まさに「「時間的なリズム」(の美) に対する愛を、一見したところ音楽論、あるいは韻律論とは全く無関係に思われるキリスト教の重要な教義に、それも否定的な仕方で関係付けたところに、アウグスティヌスの『音楽論』の最大の特徴がある」(原 1983: 67) ということである。

ここに至り、彼の目標は「永遠の事物の観照」(contemplation aeternorum) (第 13 章 39) から己れを引き離そうとするものを排除することとなる。リズムの分類に戻るならば、記憶リズムと通ずる「想起されるリズム」によってなされる「表象」(phantasiae) (過去に知覚された或る対象、すなわち「記憶において」(第 11 章 32) 見出されるもの) と「想像」(phantasmata)が、同様に判断リズムのうち下位の「感

覚についてのリズム」によってなされる「非常に虚しい認識への愛」が、それぞれ排
除される。

　また、彼はこうも述べている。すなわち、記憶が「表象と想像において似た仕方で
非常に騒々しく揺さぶられつつ、想起されるものにする」。魂はこうして「真理につ
いての観照から引き離される」（第 13 章 42）。しかし本来、「記憶によって把持され
るリズム」は、「肉の快楽にではなく、身体の健康だけに関係させる」べきであり、
「記憶に内属するリズム」は、「自らの傲慢な優越へではなく、魂それ自身の有用性
へ還元」すべきである（第 14 章 45）。

　このように、これまで展開されてきたリズムの分析は、いわばキリスト教倫理思想
によってことごとく還元される。これは魂の各種の作用も同様で、例えば記憶と通ず
る把持、そして判断は、神との関係における魂の各種の働き、例えば記憶と通ずる「正
義」へと、判断と通ずる「思慮」へと、それぞれ還元される（第 16 章 51）。そうし
て「魂が完全な成聖(perfecta sanctificatio)によって、また自らの身体の完全な活性化
(perfecta vivification illa corporis sui)によって自らの愛と努力の成果へと到達し、そ
して記憶から想像の群れが破壊抹消され、魂が神自身のもとでただ神だけのために
(apud Deum solo Deo)生き始めた時、神の側から我々に次のように約束されている
ことが実現」（第 16 章 51）される。すなわち「我らは今すでに神の子です。……キ
リストが現れたなら、我らはキリストに似た者となることがわかっています。なぜな
らそのとき、我らはキリストのありのままの姿を見るからです」（Ⅰヨハ 3・2）。

　真理を観照するのであれば判断の必要はなく、成聖においてあるのならばもはや時
間的な事物から愛を引き離す必要も、また時間的な事物への愛によって穢されること
もない（原 1983: 72 参照）。「観照」、「成聖」、「平安」(impassibilitas)、そして魂の「秩
序化」(ordinatio)が「四つの完全でかつ余すところなく完成された卓越性」であると
アウグスティヌスが述べる（第 16 巻 55）とき、それはたしかにプロティノスを想わ
せるものの、しかしここにおいては完全にキリスト教化されているのである[13]*8。「力
の上位に至福にして神聖なる魂たちの「理性的・叡智的なリズム」が「神の掟その
ものをどんな本性の介在もなしに受け取り、地上と地獄の法にまで伝達する」（第 17
章 58）。

---

[13]　邦訳『音楽論』592 頁訳註 39 参照（なお第 6 巻の訳註 11 および 35 等も参照せよ）。

むすび

本論文では、『音楽論』の記憶的リズムについての検証から、『告白』第 11 巻の時間論・記憶論へと視野を拡げることで、アウグスティヌス思想の重大な時代的変遷、例えば古代ギリシャ哲学、新プラトン主義、七自由学芸、そしてキリスト教的倫理思想といった要素が絡み合う様を確認した。一つの結論として、『音楽論』におけるリズムの分類はたんにそれにとどまるものではなく、同書第 6 巻の後半において、より下位にある物体・身体と、より上位にある神との間に位置づけられた我々人間の魂が、「永遠の事物の観照」によって高められていくための契機を獲得するものであったことがわかった。魂における記憶という時間を介する作用は、永遠にして不変の神への道のりにおいては発展的に解消されるべきものであったのである。

文献

アウグスティヌスのテキストは下記ミーニュ版の電子データベースを用いた：

Patrologia Latina. The Full Text Database. http://pld.chadwyck.co.uk/

『音楽論』原正幸訳（教文館『アウグスティヌス著作集』第 3 巻、1989 年に所収）

『告白』山田晶訳（『世界の名著 16』中央公論社、1968 年に所収）

『再考録』（抜粋訳が教文館『著作集』各著末に分散され収められている）

『秩序』清水正照訳（教文館『著作集』第 1 巻、1979 年に所収）

『魂の不滅』、『魂の偉大』茂泉昭男訳（教文館『著作集』第 2 巻、1979 年に所収）

プラトン『ティマイオス』泉治典訳（『プラトン全集 6』角川書店、1974 年に所収）

プロティノス『エネアデス』「美について」田之頭安彦訳（『世界の名著 続 2』中央公論社、1976 年に所収）

Karl Jaspers, *Philosophie*. Bd. 1 *Philosphische Weltorientierung*, Piper, Münchn 1932

（『哲学』全 3 巻。第 1 巻『哲学的世界定位』武藤光朗訳、創文社、1964 年）

Karl Jaspers, *Die großen Philosophen*, Piper, Münchn 1957

『イエスとアウグスチヌス』林田新二訳（理想社『ヤスパース著作集 12』、1965 年に所収）

Heinz Edelstein, *Die Musikanschauung Augustins nach seiner Schrift "De Musica"*, Ohlau, 1929

Karel Svoboda, *L'esthétique de S. Augustin et ses sources*, Paris-Brno, 1933

（上記エーデルシュタイン書とスヴォボダ書の 2 点は今回入手できなかったため、下記のマルー書およびオコンネル書他からその説を知り得たことをお断りしておく）

Henri-Irénée Marrou, *Saint Augustin et la fin de la culture antique*, Paris, 1938（アンリ＝イレネ・マ

ルー『アウグスティヌスと古代教養の終焉』岩村清太訳、知泉書館、2008 年)

Robert J. O'Connell, *Art and the Christian intelligence in St. Augustine*, Harvard University Press, Cambridge, Massachusetts 1978

岩下壮一『中世哲学思想研究』岩波書店、1942 年

山田晶『アウグスティヌスの根本問題』(中世哲学研究第一) 創文社、1977 年のうち、「1 懺悔と讃美」3-27 頁、「2 告白と言葉」 pp. 28-48

原正幸「アウグスティヌスの音楽論」(『広島大学総合科学部比較文化研究講座研究報告』1983 年、pp. 43-76 に所収)

田中香澄「内なる音楽 アウグスティヌスの『音楽論』について」(今道友信編『精神と音楽の交響 西洋音楽美学の流れ』音楽之友社、1997 年、pp. 77-94 に所収)

中村雄二郎『精神のフーガ 音楽の相のもとに』小学館、2000 年

今道友信『中世の哲学』岩波書店、2010 年

伊野連『ドイツ近代哲学における藝術の形而上学——カント、シェリング、ヤスパースと「哲学のオルガノン」の問題——』リベルタス出版、2012 年

7　トマス・アクィナス

概要
　一　アリストテレス哲学の再興
　二　『神学大全』
　三　中世からルネサンスへ

一　アリストテレス哲学の再興

　プラトンの著作は古代から一冊の欠落も無く今日まで伝承されているが、アリストテレス哲学は歴史に翻弄され続け、初学者向けのものが多かったとされる対話篇のほぼすべては失われた。講義用とされるノートの類いは残り、それが今日の『アリストテレス全集』となるが、それも古代末期から中世半ばまでは伝承されなかった。

　アリストテレスが再び西欧思想界に登場するのは十字軍によってアラビア世界からそれが取り戻された 11 世紀以降である。アラビア世界では卓越した自然科学だけではく、その思想全般にわたりアリストテレス哲学が広く浸透していた。特にイブン・シーナー［アヴィケンナ］はすぐれたアリストテレス解釈をなしていたが、それはトマス・アクィナスによって乗り越えられることとなる。

　なお、時代ではアウグスティヌス以後の人物であるが、「最後のローマ人にして最初のスコラ学者」と讃えられたボエティウス(480-524/525)は、アリストテレス論理学のラテン語訳、「音楽論」「算術論」などの七自由学科 (リベラル・アーツ)、そして、政争に巻き込まれ処刑されるまで、獄中で綴った『哲学の慰め』などで知られている。

・「哲学は神学の婢」

　トマス・アクィナスの「哲学は神学の婢」という有名な言葉があるように、キリスト教が支配する中世は哲学は神学に仕える存在にすぎぬと考えられていたし、そもそも中世期は、近代の啓蒙主義や市民革命を経てふりかえれば「暗黒時代」であった、とする誤った歴史観は今でも根強く残っている。本書でも中世哲学を初期のアウグスティヌスと最盛期のトマス・アクィナスとで代表させるという手抜きをしているわけだから偉そうなことは言えないが、そうした誤った中世史観は大幅な修正を迫られている。

トマス・アクィナスは中世哲学最盛期の大思想家で、スコラ哲学の最重要人物である。主著『神学大全』はあらゆる神学的な問題を包括した中世哲学の頂点をなす大著である。教会附属学校［スコラ］から始まった神学は大学へと規模を拡大される。

二　『神学大全』

『神学大全』はトマスの主著であり、カトリック神学のほぼすべてを網羅するほどの大著であるが、実際には完結前に神的な霊感を得たトマスが改心し、未完のまま遺されたものである。トマスは超自然的な神学と自然主義的なアリストテレス哲学とを調停した。すなわち、存在する物の感覚的性質である偶有性と、物の本質である形相とを分け、さらに、万物は存在そのものである神の存在を分有する、と考えた。そして神の存在と通常の存在との関係を「存在の類比」という考えによって説明した。

・後期スコラ哲学

神の存在について、ただ能動的に思弁する能動理性によって神を語ろうとするトマスは、「哲学は神学の婢」と述べて、信仰に対する知や理性の位置を確保する主知主義の立場をとる。「恩寵は自然を完成する」という言葉に見られるように、人間理性を、神を認識するための道具として、信と知との有機的関係を保つ。

一方、その主知主義に対して主意主義の立場から後期スコラ哲学を展開した神学者に、ドゥンス・スコトゥスとウィリアム・オッカムらがある。

三　中世からルネサンスへ

三大天才に代表される美術や、様々な科学革命など、ルネサンスは世界史上でも最も充実した時代の一つであるが、残念ながら哲学史ではあまり採りあげられる機会が無い。

手元の代表的な哲学史書をひもといてみると、ルネサンス哲学の見出しとしては、ペトラルカ、市民的人文主義者、ニコラウス・クザーヌス（先述したように、中世末期に位置づけられることもある）、フィチーノ、ピコ・デラ・ミランドラ、ポンポナッツィ、マキアヴェリ、エラスムス、トマス・モア、ルター、ジャン・ボダン、モンテーニュ、自然哲学者、ジョルダーノ・ブルーノ（汎神論）、スアレスなどが挙げられている。

こうした新しい思潮の多くは中世思想に対抗するものであり、既に近世思想の芽生えが現われている。

8　フランシス・ベイコン

Francis Bacon, 1561-1626

概要
一　近代思想の誕生
二　『新オルガノン』と学の体系
三　四つのイドラ

一　近代思想の誕生

　フランシス・ベイコン（正しい発音は「ベーコン」より「ベイコン」に近い。以下こちらで統一する。また、同じ英国で中世の哲学者ロジャー・ベイコンと混同されやすいが、本書では特に断らないかぎり「ベイコン」でF・ベイコンを指すこととする。なお、同姓同名で20世紀英国の著名な画家もいるので注意）は近世イギリスのエリザベス一世とジェームズ一世に仕えた法律家・政治家（ヴェルーラム男爵、のち聖オルバンス子爵）であり、思想家でもある。思想家としては新しい哲学的方法論の提唱者であり、近世（「近世」と「近代」とを明確に区分しない場合もある。ここでは「近世」を、およそカント（第13・14章参照）哲学の登場以前という意味で用いている）の様々な学問を体系づけ、産業革命・近代文明を導いた人物であるほか、人生論の達人としても知られており、『随想集』［エッセイ］はいまも世界中で読まれている。
　ベイコンは、後代のデカルト（第9章参照）が「近代哲学の祖」であるならば、よ

り広く「近代思想の祖」というべき人物である。なぜベイコンが「近代思想の祖」と称されるのかといえば、実験と観察による真理の探究を第一に提案したからである。

　ベイコンが提唱した「帰納法」とは、現実の観察・実験を重んじるものである。「演繹法」が、スコラ的な議論におけるように、一般的原理から結論を導くやりかたであるのに対して、帰納法は自然科学の分野で目覚しい成果を挙げた。それとともに、ベイコンを発端として、哲学思想の面では「イギリス経験論」（ジョン・ロック、バークリー、ヒュームら）が展開することとなった。イギリス経験論はフランスなどに代表される「大陸合理論」（デカルト、スピノザ、ライプニッツ）とともに、この時代を二分する思考様式である（ただし、両者は対立した立場ではなく、盛んに相互交流していた。ベイコンやロックはフランスに滞在し、ライプニッツはロック『人間知性論』に対して『人間知性新論』を著し、ヒュームはルソーと親しく交わっている）。

・近代自然科学の勃興

　さて、こうして生まれた近代思想が「近代科学」を生み、数々の人物が現れた。地動説のコペルニクスだけは 16 世紀前半の人物だが、それぞれ時代順に、ギルバート（磁石）、ベイコン、さらにケプラー（惑星の楕円軌道説）、ハーヴェイ（血液循環説。ベイコンの侍医であった）、ガリレイ、デカルト（哲学、数学、その他）、パスカル（哲学、数学、また圧力に関する原理など）、ボイル（気体の体積は圧力に反比例する、いわゆる「ボイル＝シャルルの法則」）と続き、近代物理学の頂点ともいえるニュートンへと至る。これが 17 世紀から 18 世紀にかけての時代の潮流であった。

　一方、現代では、20 世紀後半になると近代科学に対する明確な批判が唱えられるようになる。例えばホルクハイマーとアドルノの共著『啓蒙の弁証法』では、「実験哲学の父」であるベイコンこそ近代科学の元凶であるとみなし、激しく糾弾している。

　こうして近代科学の功罪の両面でベイコンは張本人とみなされているが、それでも「功」の側面は決定的である。自然の様々な対象を客観的に捉え、それを分析・分解し、最終的には攻略する。自然を従えることによって、人類は絶大なる力を手にすることができ、それはほどなく「産業革命」を生じさせた。イギリスをはじめとするヨーロッパ諸国は政治的にも経済的にも世界を制覇し、ヨーロッパ思想もまた世界のあらゆる文明を席巻した（第 1 章参照）。19 世紀後半の近代科学技術の発展は発明王エジソンによって締め括られ、20 世紀初頭のアインシュタインの相対性理論によって最先端テクノロジーの幕が切って落とされる。17 世紀初頭にベイコンが唱えた改革は、マクロ（宇宙物理学）にもミクロ（ナノテクノロジー）にも極限へと展開してい

く今日の事態へと帰結し、そのお陰で人類は 20 世紀末以来、環境破壊のみならず、核開発と遺伝子操作に暗示される科学技術の暴走に脅えつつ暮らすこととなった。

　ベイコンの有名な言葉「知は力なり」は、元来は人間が自然に従属することによってその恩恵に与るという意味であったとされるが、それでも文字どおり「人類の知性が自然を支配する」という意味に理解されることが多いし、近代ヨーロッパ文明がそうして自然を蹂躙し続けてきたこともまた事実なのである。

二　『新オルガノン』と学の体系

　ベイコンは中世から近世初頭にかけてヨーロッパ思想をなかば独裁的に支配していたアリストテレス科学観を徹底的に批判した。特に、アリストテレスの論理学体系、通称『オルガノン』を刷新すべく、『新オルガノン』（原題はラテン語で『ノヴム・オルガヌム』。なお「新機関」という訳題はあまり適切ではない）を発表した。

・第一哲学と第二哲学

　こうしたベイコンの反アリストテレスの姿勢こそ、彼を近代思想の祖としてシンボル化したともいえる。アリストテレス哲学においては観照的な第一哲学すなわち「形而上学」こそが至上のものであった。しかしベイコンでははっきりと、「行動的な哲学」である第二哲学こそが「将来の哲学」であり、優位に位置づけられている。アリストテレスは「観照」を「実践」より優位に置いた。近世初頭にベイコンによって、それが覆されたわけである。

　なお、ベイコンは近代的学問体系の元祖でもあり、未完の構想『大革新』では、人智のすべてを総合的に体系づけるというもので、およそすべての学問のすべての対象が、自然の観察によって明るみに出され、新たに系統づけられ分類される。論理学ないし哲学的方法論である『新オルガノン』も、その第 2 部に位置づけられている。

三　四つのイドラ、およびベイコン哲学のまとめ

　ベイコンの思想で最も有名なものは、「四つのイドラ」についての説である。「イドラ」（ラテン語で「幻像」の意。また、「アイドル」の語源でもある）とは、人間の陥りやすい偏見（先入観・誤り）のことであり、彼は以下の四つを示した。『新オルガノン』の主たる目的は、これらイドラの打破にある（破邪論）。

種族のイドラ　　　　感覚における錯覚。人類一般に共通してある誤り。

洞窟のイドラ　　　　狭い洞窟の中から世界を見ているかのように、個人の性癖・習慣・

	教育によって生じる誤り（「世間知らず」の意も）。
市場のイドラ	言葉が思考に及ぼす影響から生じる偏見、言葉が引き起す偏見（いわゆる「口コミ」）。
劇場のイドラ	思想家の思想・学説によって生じる誤り。思想家による舞台上のドラマに眩惑され、事実を見誤ってしまうこと。

・ヘーゲルのベイコン理解

　ヘーゲル『哲学史講義』ではベイコンの意義を、１.実験の哲学への指示、２.科学的認識の方法への指示、すなわち認識の唯一の真の源泉としての経験への指示、に認めている。「経験科学そのものの形成がなければ、哲学は古代人における以上に進展することはできなかったであろう」とヘーゲルは言う。

　『学問の尊厳と進歩』（『大革新』第一部）は「諸科学の体系的集成」であり、『新オルガノン』（同第二部）は「新しい方法論の展開」である。記憶、想像力および理性という三つの主観的表象能力によって、世界表象もしくは世界の精神的模写は、歴史、詩（芸術）および哲学に分けられる。ベイコンは学問を正確で個別的、詳細に分類したが、その「知識の王国」においては、各所に様々な空白があり、欠如と不足のあるこの空白には、計り知れぬほどの豊富な課題と将来の諸科学が発見されるであろうことを示している（事実、その後数百年にわたって、それは数多くの思想家によって果たされたのである）。

　『新オルガノン』は、従来の予見（予断）の方法を、批判根拠を欠く間違った前提による方法であるとして退け、従来の「自然の予見」に対して、「自然の解明」こそが必要であるとする。そして真の帰納法という方法（単純枚挙による「通俗的帰納法」に対するもので、「矛盾的反例」を重視し、否定を通して肯定に向かう）を求める。そこでは、アリストテレスの三段論法式演繹法が斥けられ、代わりに帰納と類推による推論が定立される。すなわち、究極原因（目的）は形而上学へ追放され、ただ作用原因という必然的な、物質的（もしくは形式的）な原因のみが物理学あるいは自然学に属する。この方法は二つの道程、すなわち原因の考察と結果の導出に分けられる。第一の道程を行くのが科学であり、第二の道程を行くのが発見なのである。

9　デカルト

René Descartes, 1596-1650

> 概要
> 一　デカルトの生涯
> 二　デカルトのコギト

　デカルトはよく「近代哲学の祖」と呼ばれる。その二大特徴ともいえるのが、「心身二元論」と「機械論的自然観」である。それを理解するためのキーワードが、1．方法的懐疑、そして2．「コギト・エルゴ・スム」であろう。

一　デカルトの生涯

　フランス人のデカルトは、イエズス会（カトリック）の学校で教育を受け、様々な学問を身につけたが、十八歳にして有名な言葉にあるように「世間という大きな書物を読む」生活に入った。そしてもう一つの有名なエピソードが、三十年戦争に出征中の冬の晩、陣中で解析幾何学という新しい数学的方法を発見したことである。これは優れた数学の業績であり、彼は主著『方法序説』で、平面上のX軸とY軸とから成る直交座標系の概念を確立する（「デカルト座標系」ともいわれる）。その特長は、1．関数による思考、2．数値（代数）と図形（幾何）との連繋、にあるといえる。

この解析幾何学が、デカルト哲学の革命をもたすことになる。彼はこう述べている。「私は哲学のなかでは論理学に、数学のなかでは幾何学と代数学とに関わってきた」。「論理学の三段論法の教則は、人が既におのずから知っていることを他の人々に説明するのに役立つにすぎない」。「だが既に古代において知られていた幾何学的分析に関するかぎり、それは図形の観察と結びつけられており、同時に構想力［想像力］を疲らせることなしには悟性を働かせることもない」。「これに反して近代の代数学においては、人は一定の規則と記号とにあまり盲従しすぎて抽象的な一つの技術となってしまい、それは精神を淘汰する代わりに煩わしてしまうようなことになってしまっている」。論理学にも、幾何学にも、代数学にも、それぞれに一長一短があるということである。

　要するにデカルトは、論理学と幾何学と代数学との長所を含んでおりながら、それらの欠点はもっていないような新たな方法を追求したのである。それが『方法序説』に成果となってあらわれた。それは、幾何学にとっては不可欠な「想像力」（構想力）を、代数学の手続き、すなわち方程式の設定と変形という手続きに結びつけることにあった。その結果が、解析幾何学なのである。

・四つの方法［規則］

　デカルトによる哲学の改革は、次の彼自身の言葉に明瞭に示されている。「論理学を構成しているおびただしい規則の代わりに」、「次の四つの規則で十分」である。それは、

　「第一は、私が明証的に真であると認めるのでなければ、どんなことも真として受け入れないこと」、「換言すれば、注意深く速断と偏見を避けること、そして疑いをさしはさむ余地のまったくないほど明晰かつ明証に精神に現れるもの以外は、何も私の判断のなかに含めないこと」。彼は哲学に明晰判明であることを要求した。明晰とは「注意する精神に現前し、明らかであること」、判明とは「明晰であると同時に、他のものから紛れもなく区別されていること」である。認識の機能に着眼すれば、明晰は感性的知覚あるいは直観に関与し、判明は理論的分化に関わる。明晰であっても判明であるとはかぎらない。しかし、明晰でなければ判明であることはけっしてない。

　「第二は、私が検討する難問の一つ一つを、できるだけ多くの、しかも問題をよく解くために必要なだけの小部分に分割すること」。ここから、文字どおりの「分析」（アリストテレスでは第一に主語と述語の切り離しであった）が重要な手段となった。客観を自己（主観）から切り離し、分析分解し、的確に把握する。そしてこれは、自

然を機械として理解する機械論的自然観へと結びつく。

　「第三は、私の思考を順序に従って導くこと」。「最も単純で最も認識しやすいものから始めて、少しずつ、階段を昇るように、最も複雑なものの認識にまで昇っていき、自然のままでは互いに前後の順序がつかないもののあいだにさえも順序を想定して進むこと」。今日我々がごく普通に採用している、最も単純かつ認識しやすいものから始めて、順序正しく、最も複雑なものへと進んでいく合理的な手法である。

　「最後は、すべての場合に、完全な枚挙と全体にわたる見直しをして、何も見落とさなかったと確信すること」。それはベイコンの主張した、「矛盾的反例」を重視し、否定を通して肯定に向かう帰納法と比較できるだろう。

　その早すぎる後半生でデカルトは、当時プロテスタント国であったためより自由な雰囲気が許されていたオランダに隠棲し、晩年はさらに、熱心な哲学愛好家でもあったスウェーデンのクリスティナ女王に招かれてストックホルムに渡った。そこで早朝から宮廷で哲学を教えていたが、予想を超える寒さのためにいちじるしく体調を崩し、かの地で客死した。

二　デカルトのコギト

　真理の認識において、自己意識と自己自身の思惟が現前し活動していなければならない。そこから真の哲学の根本性格、決定的な根本原理が導き出される。事物の表象は、伝達されたものであれ、体験され経験されたものであれ、我々をしばしば欺きがちである。だから、あらゆるものの確実性を根底から疑うことが必要である。こうした懐疑（＝方法的懐疑）は、自己思惟という疑い得ない確実性（＝「我思う、ゆえに我あり」）以外のいかなる確実性も残さない。たとえ邪悪な神が我々を欺こうとして宇宙すら偽って創造したとしても、「我思う」という確実性はいささかも揺るぐことはない。

　こうした生まれたデカルトの「我思う、ゆえに我あり」という命題は、哲学史上最も有名なものの一つである。ラテン語で"Cogito, ergo sum."、英語では"I think, therefore I am."となる。「私は考える」という自己意識・自我が、私の存在を直接的に導く。この揺るぎない確信を出発点として、哲学の全体系が構築されるのである。それは、ひとりデカルト哲学の成果であるにとどまらず、その後のヨーロッパ哲学を根本的に基礎づける起点となった。

　自己意識あるいは自我の確立であり、それは「考える物」(res cogitans)という実体

として基礎づけられる。一方、身体という物体はいわば「延長」である。こうして、精神と身体とを峻別し、前者を後者の上位に置く心身二元論が成立する。

・デカルトとパスカル

　彼ら二人は同じ時代を生きた最も優れた頭脳であったが、年少でしかも病弱であったパスカルに対して、デカルトは距離を保ち続けていた。しかしパスカルは未公刊の断想集『パンセ［思索］』（「人間は考える葦である」などの名言が綴られている）で、痛烈にデカルトを批判する。「無用にして不確実なデカルト」。「私はデカルトを許すことができない。彼はその全哲学のなかで、できれば神なしに済ませたいと思った。だが、彼は世界に運動を与えるために、神に最初のひと弾きをさせないわけにいかなかった。それがすめば、もはや彼は神を必要としない」。熱心なクリスチャンであったパスカルにとっては、デカルトは神を自己意識の確立のため単に便宜的に要請したにすぎぬとして、赦されざる人物に映っていたのである。

・デカルトの哲学体系

　デカルトの哲学体系は、形而上学、自然哲学、倫理学の三部門に分けられる。形而上学は認識の諸原理に関する理論、自然哲学は延長に関する理論である。『哲学原理』では哲学全体は一本の木に喩えられ、形而上学の「根」から自然哲学の「幹」が伸び、そしてその他の学の「枝」が生い茂り、医学、機械学、道徳という「果実」が実るとされた。

　倫理学については、例えば『方法序説』では、完全に基礎づけられた倫理学を体系づけたいと望むも、それまでは暫定的な道徳を守るほかない、とされた。しかし晩年になって、『情念論』で心身合一が図られた。

10　イギリス経験論（ロック、バークリー、ヒュームら）

概要
　一　ロック
　二　バークリー
　三　ヒューム

　ベイコンの経験論的な思考法はイギリスではロック、ヒュームといったすぐれた後継者を産み出した。キーワードとなる以下の「　　　」内の語である。

一　ロック

　オックスフォード大学でスコラ哲学やギリシャ語を学んだロック(John Locke, 1632-1704)は、幅広く活躍した人物である。まず哲学においては、経験論に基づく認識論を提唱した。主著『人間知性論』でロックは、我々人間の心は「タブラ・ラサ」（白紙。ラテン語で「何も書かれていない板」を意味）であるとして、デカルトやスピノザなど当時は一般的に信じられていた「生得観念」（生まれつき有する観念）はもたないとした。

　人間の観念は、外界の事物が我々の感官を刺激し、白紙状態の心に印象が与えられること、つまり経験を通じて生じると考えた。これがイギリス経験論の典型的な考え方である。

　また、ロックによれば我々の観念は単純観念と複合観念とに分かれ、さらに単純観念は以下の四つに分かれる。1．唯一の感官によって意識にもたらされるもの（例えば、色、音、匂い、手触り、味など）、2．二つ以上の感官によって（例えば、物体の延長、形、運動など）、3．反省に基づいて（思考、意欲、想起、区別、推理、知識、信仰など）、4．感官知覚と反省に基づいて（例えば、喜び、快楽、苦痛、不快、力、存在、統一など）、以上である。すなわちロックは観念の源泉として感覚と反省の二つを挙げているのである（物心二元論）。

　そして、物体の性質を外物に由来する客観的な「第一性質」（例えば、形や長さや重さなど）と、主観的な「第二性質」（例えば、匂いや色や味など）とに区別した。

すなわち、第一性質は我々の知覚に関係なく実在するが、第二性質は我々の知覚によって主観的に捉えられるとする。

なおロックは社会思想家としても著名で、『市民政治二論』[『統治二論』]で王権神授説に反対し（第一論）、社会契約論を展開した（第二論）。

ロックの考えによると、個人は自己の身体を所有しており、それは生命や自由を所有しているということでもあって、その身体を使って生み出した生産物も所有することが可能である。その所有物に対する権利を所有権とし、古代ギリシャから存在している自然権として、市民の所有権を捉えた。そして理性の法としての自然法によって、政府が市民の自然権を侵害する場合に、市民による抵抗権を認めたのである。

二　バークリー

バークリー(George Berkeley, 1685-1753)はアイルランドの哲学者で聖職者（アイルランドはプロテスタントの英国教ではなく、カトリック）でもある。バークリーの『人知原理論』によれば、知覚とはたんに物事を見たり聞いたりして感じることではなく、知覚するからこそ物事が存在しているのであり、それが「存在するとは知覚されることである」という有名な言葉の意味である。

同じイギリス経験論でロックのすぐ後の時代人であるが、バークリーはロック流の第一性質・第二性質の区別を否定し、知覚の一元論的を唱えた。ロックは第一性質の実在をいわば超越的に考えているのに対して、バークリーはあくまで実在は、知覚する能動的な存在である精神と、知覚される受動的な存在である観念とによってのみ保証される。

バークリーの「素朴観念論」は、精神が観念を知覚したという事実しか認めず、また知覚を超えたものの存在を否定する立場であり、これは知覚されたものをそのまま実在としてしまう「素朴実在論」とは明確に区別される。あるいはまた、バークリーの立場は、すべては心の中で起こっているという唯心論であるとともに、神を存在の原因に据えた有神論であるともいえる（有神論的唯心論）。

三　ヒューム

スコットランド出身のヒューム(David Hume, 1711-1776)は「因果関係の必然性を否定」した「懐疑論」で、カント批判哲学の成立に多大な影響を及ぼした。カントは『純粋理性批判』において、ヒュームによって「独断のまどろみ」から目覚めさせら

63

れたと告白している。それは主にヒュームの学説、すなわち、因果律の否定、懐疑主義、そして情念による理性支配などによるものである。

ヒュームは主著『人間本性論』［『人性論』］などで、ロックの認識論を批判的に継承した。それは、観念の源泉は直接的な表象である印象だけであり、間接的で再生された内容が観念だとする。印象とはロックにおける感覚と反省とによって意識にあらわれる表象のことである。すべての観念は印象に由来するが、観念形成に当たっては、種々の作為が入り込む可能性があり、ヒュームはこうした観念の結合としての知識を吟味した。

ロック以来、我々が経験から得られたものを結合することで知識を得る際の観念の結合は「観念連合」と呼ばれる。さらにヒュームはこの連合の法則について、１．類似、２．時間空間における接近、３．因果、の三つであるとする。

そしてヒュームが否定したのが第三の因果法則である。因果関係には、対象の接近や継起ということ以上に、対象間の必然的な結合が含まれていなければならないはずであるが、実際には印象を分析しても因果の概念は出て来ない。

すなわち、我々は二つの事物の印象をたびたび経験することで、一方から他方への移行という印象を受けるようになり、その印象から結合の観念を得てしまうのである。だから因果関係とは、当該の観念の接続の反復によって我々に生じた結合の習慣にすぎず、たんに主観的な信念によるのであって、客観的で必然的な結合では断じてない、というのがヒュームの因果律否定である。

したがって、ヒュームの情念論も重要である。ヒュームにおける情念には、感覚に基づく印象から直接生じる場合（快・不快から生じる「直接情念」）と、観念が媒介となって生じる（さらに別の性質が加わって生じる「間接情念」）とがある。

そして特にヒュームが注目するのが、自負と自虐や、愛と憎との間接情念である。自負と自虐は「知覚の束」としての自我を対象とし、愛と憎は他我を対象としている点で異なる。ヒュームによれば、こうした情念によって理性は支配されている。

このようにヒュームによる善悪の区別は、理性の判断を重視する理性論ではなく、快・不快の感情を重視する道徳観に基づく。この点で、倫理学史におけるヒュームは、イギリスの道徳感覚［モラルセンス］派の代表人物である。

なお、ベイコン、ホッブズ、ロック、ヒュームのいずれも、留学や亡命でフランスに長く滞在し研究した経歴を持っている。これはイギリス経験論の哲学者たちが実は大陸合理論と直接接し、その影響を蒙ってもいることを示している。

11　大陸合理論（スピノザ、ライプニッツら）

概要
一　スピノザ
二　ライプニッツ

　大陸合理論は、デカルト（フランス人でオランダにも定住）にはじまり、スピノザ（オランダ）、ライプニッツ（ドイツ人だがフランス語などで執筆）らがいる。人間は生得的に理性を与えられ、基本的な観念や概念の一部をもつ、もしくはそれを獲得する能力をもつとして、そこからあらゆる法則を演繹しようとする方法が真理の探究において採られた。

　スピノザは「神即自然」と考え、汎神論の謗り（そし）を受けた。その思想の本質は長く知られぬままだったが、19世紀を目前にしてドイツ思想界で大々的に採りあげられる。

　一方ライプニッツは、外交官や法律家など、様々な実務に活躍しつつ、数学、哲学、自然学、さらには中国学まで、人類史上最も万能な思想家としても知られる。彼の唱えた「モナド論」は難解だが、これが近代ドイツ哲学の源となった。カントは、直接的には偉大な同国の先人であるライプニッツを、そしてそれを「ドイツ学校哲学」として一般化したヴォルフを、批判的に摂取することを自己の使命としていた。

一　スピノザ
　スピノザ(1632-1677)はユダヤ系の思想家で、先祖はポルトガル出身で当地においてカトリックの弾圧を受け、アムステルダムに移住した。ユダヤ神学者を志すが彼固有の汎神論（ユダヤ教やキリスト教やイスラム教などの一神論に反して、万物すべてに神が宿るとする考え）のために破門された。当時は危険思想者とみなされ、生前ほとんどその著を刊行することはできなかった。

　主著は当然ながら没後にそれも匿名で発表された『エチカ』［倫理学］である。この書は「幾何学的秩序によって」展開されると副題され、「存在するために、他の何も必要としない」実体として、ただ神のみが挙げられ、そこからすべてが叙述されている。神には無限の属性（知性が実体に関して、その本質を構成するものとして認識

65

するもの）が帰属している。神はそれ自身を産出する、それ自体の原因、つまり「自己原因」である。それと同時に、神は他の一切の原因でもある。

　先に述べたように、長い年月のあいだ知られることのなかったスピノザであるが、18世紀末にドイツの思想家らによって再発見され、特にシェリングなどに多大な影響を及ぼしている。

二　ライプニッツ

　ライプニッツ(1646-1716)は西洋思想史上最大の万能人とも言われており、幅広い方面で数多くの業績を遺している。ライプニッツ哲学は力学主義といわれ、デカルトやニュートンに代表される幾何学主義とは対極的で動的なのが特徴である。

　まず認識論において、ライプニッツは感覚と知性の役割などをめぐり、ロック『人間知性論』(1690)の経験主義に反対して独自の『人間知性新論』(1708)を著した。

　次に数学において、ライプニッツはニュートンと微分・積分学の創始者の優先をめぐり論争したことによって、時間・空間論や力学の原理など、自然哲学全般に関する成果を遺している。特に時空論はカント批判哲学に決定的な影響を及ぼしている。

　そして論理学においてライプニッツ、後年に至ってもカントらが踏襲していた伝統的論理学を大きく凌駕し、或る意味ではラッセルらの現代論理学への橋渡しともいえる見解を示している。そのことに一切言及しない、カント『純粋理性批判』の有名な言葉「論理学がこの確実な道を既に最古の時代以来進んで来ていることは、それがアリストテレス以降一歩も後退する必要が無かったことから明らかである」は、論理学史からすれば正しくないわけではないが、その点で大きな間違いである。それはカントがライプニッツ論理学を的確に理解できなかったためもいえる[14]。また、パスカルが考案した計算機をさらに高度な機械的演算システムへと発展させたライプニッツのアイディアは、現代のコンピュータ開発の源泉ともいえるものでありそれも注目に値する。

---

[14] カント以降のドイツ精神哲学における論理学理解には重大な欠陥がある。そこでは論理学が形而上学と同化されてしまい、論理学固有の問題が議論されようとしなかった。カントの超越論的論理学やヘーゲル固有の論理学は形而上学・存在論の観点ではまぎれもなく哲学史上の最重要課題ではあるものの、正統的な論理学の歴史からは完全に逸脱している。特にヘーゲル以降の弁証法はキルケゴールやマルクスなど、従来の意味での弁証法とはまったく別物となっていった。なお、ドイツにおける正統的な論理学の発展はボルツァーノなどを経てフレーゲまで待たねばならない。

・モナド論と予定調和説

ライプニッツは晩年のスピノザと面会し、スピノザ没後に刊行されることとなる『エチカ』草稿に目を通すことを許された。ライプニッツはスピノザの哲学体系の知的卓越さを認めつつも、その決定論的世界観は容認できず、別の答えを模索した。その結果、導き出されたのがライプニッツの「モナド」に基づく「予定調和説」である。

ライプニッツにとって、デカルトにおける物質的実体の本性としての延長は、真に実体であるか疑問であった。その理由は、延長はどこまでも無限に分割可能であるため、究極の単位となる要素が欠けているからである。従来の「アトム」（分割不可能者）はあくまで仮説的なものにすぎない。

それに対して、一なる統一性を持つ真の実体は無際限に分割可能な延長ではなく、心的な統一作用を持つ存在であるはずである。それこそがモナドである。モナドや予定調和説についてのライプニッツの有名な説明がいくつもある。

まず、モナドは「宇宙の生きた鏡」である。これは、モナドは一個の実体として、それぞれの視点から世界全体を統一的に映し出す、という意味である。

モナドに関連して「不可識別者同一の原理」がある。表現は難しいが意味は簡単で、モナド同士は相互に識別可能でないかぎり、区別はできないということである。

そして、モナドには「窓が無い」。これはモナド同士が相互に実在的な交渉を持たないという意味である。モナドはそれぞれの「予定」された内的性質の展開の筋書きに沿って、宇宙全体を継時的に映し出す。他方、複数のモナドの間には、性質が行き来したりエネルギーが交換されたり因果関係が直接に生じるような通路はない。各モナドはそれだけで充足した統一的独立実体であり、その変化と展開の原理をそれ自身の内に備えている。

ただし、すべてのモナドの変化の系列は、形而上学的な原理に従って対応しており、無数のモナドからなる世界全体は、結果的には規則に従った「調和」の世界となる。それは神によって最初に宇宙全体にいかなる力が加えられたかで決まるため、モナド全体は予め相互に調和しながら動くように定められた「予定調和」の関係にある。

モナドは全宇宙を表出し反映し、逆に、こうしたモナド相互の無限の関係こそが宇宙［世界］そのものである。だから時間・空間も、モナド相互の関係がもたらす秩序に他ならない。したがってライプニッツによれば、モナド間の関係を離れて独立に存在するような「絶対空間」「絶対時間」を想定するニュートン物理学は誤りということになる。

むしろ単一の絶対空間・絶対時間は存在しないため、かえってモナド相互の関係の在り方に応じて、いくらでも複数の宇宙が在り得る。現実の宇宙はこうした複数の「可能世界」の一つにすぎず、現実世界は神による予定調和によって、可能なあらゆる状態のうちで最善な状態である。

　しかしこうした「最善観」はその後多くの批判を招き、例えばヴォルテールは著書『カンディード』で1755年のリスボン大地震を引き合いに、神の全能や慈悲に懐疑的な立場からライプニッツを痛烈に批判している。

　ただし最善観はたんにおめでたい楽天主義なのではなく、その背後には「矛盾律」と並んでライプニッツ体系の原理となる「充足理由律」がある。充足理由律とは「すべて存在するものは、なぜそうでなければならないのか、という根拠を持っている」という考えのことである。この充足理由律こそが、存在論や真理論、さらには「普遍記号法」といったライプニッツ体系の根幹なのである。

１２　近代社会思想

概要
一　社会思想の系譜
二　社会契約説
三　近代社会の理論

一　社会思想の系譜

　哲学・倫理学には社会思想としての重要な側面がある。本書では哲学では形而上学や認識論や論理学、倫理学では個々の道徳的価値論を中心に紹介しているが、現実社会との深い関わりを失っては哲学・倫理学は衒学的（専門知識をひけらかすこと）になったり形骸化したりする恐れがある。ここでは広い時代で社会思想を捉える。

　古くはソクラテスの問答法やプラトンの国家論などは、社会と密接に関わるものであったし、マルクス・アウレリウスに至ってはローマ帝国五賢帝の一人、ボエティウスも東ゴート王国の高位高官の地位にあった。Ｆ・ベイコンも英国大法官、ライプニッツも神聖ローマ帝国宮中顧問官、哲学者がすべて書斎で読書と執筆しかしなかったわけではなく、こうした現実の社会的影響力が強い思想家は、その哲学・倫理学にも社会性が反映されているはずである。

　さて、ルネサンス期の人物ではあるが、主著『君主論』で知られるマキャヴェッリ(1469-1527)を社会思想史で抜かすわけにはいかない。メディチ家が支配するフィレンツェの外交官であったマキャヴェッリは、君主たるものはいかにして権力を維持し、政治を安定させるかを論じた。マキャヴェリズムと称されるその説は軍事力の重要性や深謀遠慮の必要性を説く、きわめて現実主義的で冷徹非道なものである。

二　社会契約説

　時代が降って、ベイコンの秘書も務めていたホッブズ(1588-1679)は主著『リヴァイアサン』（書名は海の化け物の名前から命名）において、有名な「万人の万人に対する闘争」という言葉を述べている。人間は自然の状態では、個々人が互いに自然権を行使し抗争が絶えないということであり、自然法によって秩序と平和を保ち、従来の

69

王権神授説から、市民が国家に自らの自然権を譲渡すべきだと論じた。これが社会契約説である。その後、社会契約説はロックの『市民政治二論』［統治論］によって再検討され、批判的に継承された。ホッブズは清教徒革命当時の、ロックは名誉革命当時の社会思想家である。また、『国富論』のアダム・スミス(1723-1790)も有名である。

　遅れてフランスでも、後の大革命を用意することとなる社会思想が盛んに論ぜられるようになる。まずモンテスキュー(1689-1755)が『法の精神』において立法・行政・司法の三権分立を説く。彼は男爵位にある貴族で保守主義者であったが、イギリスの社会革命に影響を受け、母国フランスの絶対王政を批判したのである。

　次いでルソー(1712-1778)が『社会契約論』で、自由意志を有する個々人の意志からなる「一般意志」の、社会契約に基づいた理想的な国家の在り方を論じた。この一般意志はたんなる個々人の特殊意志の総musi（全体意志）とは区別される。なお、「自然に帰れ」という有名な言葉がルソーのものであるとよく引き合いに出されるがこれは間違いで、彼は自然状態を肯定し文明を批判しつつも、もはや人間は自然状態には戻れないと主張している。

三　近代社会の理論

　19 世紀になると、後世に決定的な影響力を及ぼしたマルクス主義が登場する。マルクス(1818-1883)は主著『資本論』などにおいて資本主義を激しく批難した。彼は労働価値説に立つ。それは人間がつぎ込んだ労働の量によって商品の価値が決まるとする考えであり、資本家は労働者によって余分に生産された利益［剰余価値］を我が物にすることで、労働者を搾取しているとする。こうして本来は主体的・自発的になされるべきはずのものである労働が、強制的なものと化してしまい、「疎外」状態が生じる。そこでマルクスは、労働者が革命を起こし、生産手段をすべての労働者にとって共有のものとすべきだと主張する（社会主義革命）。

　さらに彼は「史的唯物論」という観点からも社会を批判する。人間の思想や法や経済の制度などといった上部構造は、生産手段・生産活動といった下部構造によって決められている。原始共産制→奴隷制→封建制→資本主義といった歴史の諸段階は従来の生産関係が破綻した場合に進展を見せ、次に能力に応じて働き、その働きに応じて分配する社会主義に進み、さらに能力に応じて働き、かつ必要に応じて分配を受けるという共産主義に至って完成するとした。無数の哲学者が存在するなかで、実際に革命を起こし国家を樹立するほどの影響力を有したのがこのマルクス主義なのである。

【論文 2】
レンブラント『バテシバ』とキリスト教倫理

第 1 章　ダビデの悪行と赦し

　まず『バテシバ』の背景となる聖書の物語について問題点を整理してみる。若き日に放埒な日々を送り、報われぬ子どもまでもうけたアウグスティヌスにとって、ダビデの赦されざる罪と向き合うことは、きわめて重大ないとなみであった。「その表題には、「ダビデ自身の詩。ダビデがベルサベ（バト・シェバ）と通じたので預言者ナタンがダビデのもとに来たとき」（50: 1-2）と書かれているからである。ベルサベは人妻たる女性であった。私たちは、悲しみと戦慄をもって、このことを語る」(アウグスティヌス『詩編注解』50: 2) [15]。だからこそ彼はすぐ後にこう続ける。

　　しかし神は、そのことが書き記されることを望み、それが沈黙させられることは望まなかった。それゆえわたしは、わたしが望む事柄ではなく、私が強いられる事柄を語ろう。わたしは、模倣を勧める者としてではなく、恐れに導くものとして語ろう。王にして預言者たるダビデ——肉の観点から観れば、彼の種を起源として主が生まれることになる（ロマ 1: 3）——は、この人妻の美しさに惑わされ、彼女と姦通した」（『詩編注解』50: 2）。

　司教の苦悩の末の説教を俟つまでもなく、ダビデの悪行を攻め咎める者の数よりもっと多く、自らの不道徳を省み、それゆえダビデへの救いを希う者もいたであろう。旧約聖書最大の英雄ダビデにしてなお、けっして赦されざるその行ないを、はたして我々のうちのいったいだれが、真に断罪しうるであろうか。多くが連想するであろうあの言葉を、アウグスティヌスもやはりここで引いている。「なんぢらの中、罪なき者まづ石を擲て」（ヨハ 8: 7）。

　だがダビデは赦された。それはなぜか。「サムエル記」下第 11 章以下によれば、彼は王宮の屋上から見た隣家の人妻バテシバに横恋慕し、これと姦通し、孕ませ、さらには夫ウリヤを謀って死なしめた。それはモーセの十戒のうち、第六、七、十戒を破

---

[15] 『詩編注解』（アウグスティヌス著作集　第 18 巻 II）、谷／堺／花井／澁谷／中澤／野沢訳、教文館、2006 年 3 月。この邦訳の底本は *Corpus Christianorum, Series Latina*, XXXVIII, Turnholt, 1956 であり、聖書の句はいわゆる『七十人訳ギリシャ語聖書』（セプチュアギンタ）からの古ラテン語に基づくもので、ここでの第 50 篇は現行の邦訳聖書などでは第 51 篇となる。

るものである[16]。ここではその件について検証してみねばなるまい。我が国を代表するキリスト者内村鑑三はこう述べている。

> これは姦淫罪の最大最悪のものである。人の妻を姦して彼を殺したりというのである。これを姦淫罪の模型と称して可なりである。主イエスは山上の垂訓において姦淫を戒めたまいし時に、ダビデのこの場合を眼中において説きたもうたのであると思う」(内村 1961: 101)[17]。

すなわち「「姦淫するなかれ」と云へることあるを汝等きけり。されど我は汝らに告ぐ、すべて色情を懐きて女を見るものは、既に心のうち姦淫したるなり」(マタ 8: 27-28)で「女」とはギリシャ語の γυνή [グネー] であり、「「結婚せる女」すなわち妻」(内村 1961: 101) を意味する。

> 性欲そのものが姦淫罪であるというのではない。不義の性欲はすでにそのうちに姦淫罪をはらむというのである。サムエル記下十一章に照らして読むにあらざれば、マタイ伝五章二十八節の意味はわからないと思う(内村 1961: 101)。

先述した該当する戒めは、六「汝殺すなかれ」、七「汝姦淫するなかれ」、十「汝その隣人の家を貪るなかれ……隣人の妻……凡て隣人の所有を貪るなかれ」である。第七戒と第十戒とは重複か否かについては、関根の詳細な検証(関根 1994: 71-79) [18]

---

[16] 関根清三『旧約における超越と象徴』東京大学出版会、1994 年 3 月を参照。本論文はその多くをこの労作に負うており、深い謝意を表する。関根は「少なくとも」第六・七・十戒としており(関根 1994: 201; 1998: 124)、これに従う。ただし、第八・九戒についても抵触していると考えられる。それは、八「汝盗むなかれ」、九「汝その隣人に対して虚妄の証拠をたつるなかれ」である(したがって、あるいは第八戒と第十戒との重複も問われることとなろう)。ただしこのことについてのこれ以上の詳解は、他の機会に譲ることにする。

[17] 内村鑑三『内村鑑三聖書注解全集』第三巻、山本泰次郎編、教文館、1961 年。また、本論文で聖書から直接の引用に際しては、『縮刷 小形 旧新約聖書』日本聖書協会、1950 年を用い、旧漢字(正字)を新漢字に置き換えて行なう。

[18] 関根 1998: 82-83。なお、この書の解釈についての批判・反駁を含む著者「清三君」の父関根正雄による『聖書の信仰と思想――全聖書思想史概説』教文館、1996 年 9 月、pp. 246-252 の所説と、それに対する息子の「応答」(前掲 1994 年書の続篇ともいうべき関根 1998 の pp. 87-93)とを参照すると、本論文の論点に関係のあることでは、詩篇第 51 篇をダビデ作ととるか否かの問題がやはり決定的である(関根 1998 では一転して、清三は「そう取らない方がいいかもしれない、と柔軟に考えている」としている。関根 1998: 92 参照)。
関根清三『旧約聖書の思想 二四の断章』(岩波書店、1998 年 9 月)

を参考にすれば、第十戒は心情倫理的に解釈すべきで、「行為に対する意志」、すなわち「行為の淵源である意志にまで遡ってこれを未然に防ごうとするもの」（関根 1994: 78）と理解できる[19]。つまり、このような邪なことを意志すること自体が罪だとして厳に禁ずるのは、王ダビデのごとく、意志と行為とのあいだがきわめて近い場合にこそ、よりいっそう戒めとなるのだということである。あるいは、今日の科学技術において、「できること」と「やらないこと」との線引きがますます難しくなり、前者を後者で封じるのがいよいよ困難となっているのにも通じるであろう。

　また、ウリヤがダビデ王の家臣であることも看過できない。例えば「トリスタン」伝説であれば、マルケ王の后イゾルデを家臣トリスタンが奪ったのであるから、封建的中世においてこそ大きな過ちとなるが、王が家臣の妻を奪うとなると、これは通常きわめて卑劣で醜い、強圧的な行為となることが多い。かつて我が国にも多くの例があったろうし、現代社会においても同様であろう。やはりこれも先述したローゼンクランツのいう「王侯や英雄、高位聖職者」という「支配力」が「弱さ」と結びついてゆえの醜さであろう。

　しかしそれすらも「美」へと還元できるとすれば、それこそ芸術の魔力としかいいようがない[20]。古典芸術でも悪の美を描いたものはいくつかあり、なかでも屈指の傑作といえば、モンテヴェルディの歌劇『ポッペアの戴冠』、そしてこの『バテシバ』となろう。ただし前者は、もっぱらそれは音響美の官能、感性による享受によるのに

---

[19] それは（とりわけ第十戒は）、今の引用のすぐ先の箇所（関根 1994: 83）でも引かれている関根正雄の次の指摘にも通ずるであろう。「十戒の前文には出エジプトの神の恩恵が述べられているが（出エジプト 20: 2、申命 5: 6）、十戒そのものはそれを受けて、神の恩恵によって神のものとせられた者は、また同じ神に属する共同体の生活の中で「……することはあり得ないことだ」という意味で「禁止命令」なのである」（「旧約聖書序説」（関根 1985: 97 参照）。ただし、関根清三によると、この「禁止命令」は正確には「不可能性の断定」とすべきであり、「することはないだろう」（否定の推量）、「してはならない」（これが本来の「禁止命令」）とのあいだで、三者を厳密に区別すべきだとしている（関根 1998: 90-91）。
「旧約聖書序説」（『関根正雄著作集』第四巻、新地書房、1985 年 7 月に所収）

[20] 例えば一連のドン・ファン物もそういえるかもしれないが、ここで例として挙げたモンテヴェルディの最後のオペラ（初演は 1641 年ヴェネツィア、まさしくレンブラントの同時代である）についてごく簡単に述べる。舞台は古代ローマ帝国で、ネローネ［皇帝ネロ］は将軍オットーネ［後の皇帝オト］の妻ポッペアに横恋慕し、これを奪う。さらに邪魔者となった后オッターヴィア［オクタウィア］を追放し、寵愛するポッペアを新しい皇后とする。哲学者セネカがネロ再婚騒動に巻き込まれ自死を命ぜられる挿話も含まれる。
　注目すべきはこのオペラの幕引きで、ポッペアとネローネによる、絶品ともいえる美しい二重唱「ただあなたを見つめ」(Pur ti miro)によって、舞台の二人も観衆の我々も、まったく陶酔のうちに幕が下りる。ここまで勝手気儘で、周囲を掻き回し犠牲者まで生み出した騒擾が、この世のものとは思えぬような美しさへと作り変えられているのである。

対して、後者は、むしろそれと反対のところへと帰結する何かのゆえに、類稀な感動をもたらす。その「何か」とは、一つにはダビデの贖罪であり、いま一つには、後述する、バテシバがまさに叶えつつある女としての本願への喜びである。そして特に後者を描出した画家の表現力は卓絶と評するほかはない。

関根は自ら「ギリシア的異端的解釈」、「試論」としつつも、ダビデ王位継承史の記者が、王ダビデと預言者ナタンをきわめて批判的に描いているとみている（関根 1994: 194-204）[21]。それは特に、「サムエル記」下第12章の預言者ナタンの喩え話による叱責におけるやりとりでの、二人の欺瞞の可能性である（関根 1994: 197-199; 関根 1998: 120-123）。

　したがって、冒頭のアウグスティヌスの説教で掲げたように、ダビデが赦された理由を突きとめるために、「サムエル記」下の該当箇所と関連する、バテシバ事件についてダビデが自らの罪の懺悔および赦しと償いを詠んだとされる詩篇第51（アウグスティヌスでは第50）篇が再検証される必要がある。これについても関根1994と1998における詳細かつ斬新な検証[22]を参考にしつつ、本論文と直接に関わる点に限って概括すれば、次のようになる。

　すなわち、殺人者は死刑に処せられることが決まっている（出エジプト記 21: 12他）のに、この詩人が死刑を免れることを繰り返し嘆願し得るのは、彼が王だからであり、旧約で殺人を犯して死刑を免れた王の例はバテシバ事件の際のダビデの場合し

---

[21] これは、従来の定説であったグンケル(Herman Gunkel, *Ausgewählte Psalmen* 1904)による、バテシバ事件もダビデもこの詩篇とは無関係であるとする説と、そうした常識を覆そうとしたグールダー(Michael Goulder, *The Prayers of David (Psalms 51-72). Studies in the Psalter, II, Journal for the study of the Old Testament Supplement series, 102* 1990)による、この詩篇は表題どおり、悔悛したダビデ作のものだとする説とを縦横に比較しつつ独自の見解を示したものである。関根はここで、関連する膨大な量の研究文献を渉猟し、さらにキーワードを旧約聖書中のすべての用例に即して分析するなど周到な検証を経て、結論からすれば、グールダー説に数々の疑問を抱きつつも、基本的な点でこれを批判的に継承している。その要点は、一、詩人が過去に犯した人殺しを告白している点、二、詩人が王であったがために死刑を免れた点、三、この詩篇がバテシェバ［バテシバ］事件でウリヤを殺害した後、ナタンにより叱責を受けたによるものであるとする表題どおりであるという点、四、詩篇の末尾第2-22節は二次的付加ではなく、この詩篇に適合している点、以上である（関根 1994: 224-244）。こうした関根によるきわめて詳細なバテシバ事件検証は、まずヘブライとギリシャとの対照的な歴史理解を比較し、ヘブライ的な「サムエル記」の記述を、ギリシャ的理解によって解釈していくという構成を採っている。

[22] 関根自身はこの著においてこの疑問の検証をさらに継続させ、第三章（ダビデ論）に続く第四章（アダムと原罪）においても得られなかった（関根 1994: 385）答えを、最終第五章の第二イザヤ書における代贖思想において見出している（関根 1994: 487-489）。

か無い。したがって、この詩篇第 51 篇はダビデがウリヤ殺しを悔いて作られたものである（関根 1998: 129）。

ただし、ダビデが赦されたのは彼が神に油を注がれた者、彼が王であったからだというのは、我々の多くが首肯しがたい理由である。「馬鹿殿の淫欲のために愛する妻を寝取られ、その挙句に権力を笠に着た画策によって死に追いやられたウリヤの無念はどうなるのか」（関根 1998: 480）、多くの者が同じ義憤を感じるであろう。ここで答えうるのは、ダビデがウリヤを殺した過去を想い起して戦慄し、真に悔い、力の限り償うということの意味である。「ダビデはウリヤ供養の思いによって城壁建造の労にいそしんだ」（関根 1994: 142）ことにより、彼は過去から切り放され、負い目から免れることができた。過去にウリヤの犠牲があって初めて、ダビデは、そしてイスラエルの民は、将来の繁栄の時代を迎えることができたのである。そして神の怒りから第一子を失った王とバテシバにも、運命の第二子が誕生する。「ダビデ其妻バテシバを慰めかれの所にいりてかれとともに寝たりければ彼男子を生りダビデ其名をソロモンと呼ぶエホバこれを愛したまひて預言者ナタンを遣はし其名をエホバの故によりてエデデア（エホバの愛する者）と名けしめたまふ」（サム下 12: 24-25）。

第 2 章　共犯者バテシバ

『バテシバ』の目に映る哀愁はいかなる感情によるものか。同じ 1654 年に、レンブラント(1606-1669)の門下で、まだ二十歳そこそこだったドロストが制作し、現在では同じルーヴルに収められたもう一枚のすぐれた『バテシバ』も、その謎めいた眼差しはやはり同じく意味深い（むしろユディトを連想させる）が、しかしレンブラントのような愁いを帯びてはいないように感じられる。

ウリヤの仕組まれた戦死はさすがに彼女の与り知らぬところだが、当時はわずか七日間[23]だった喪が明けると、待ちかねていた王の召命により彼女は輿入れする。ナタンの預言どおり、最初にもうけた子は生後七日で世を去るが、次に生まれた男の子が栄耀栄華を思うままにする将来の王ソロモンである。バテシバは国母となるのである。

---

[23] *Die Sammuelbücher*, übersetzt und erklärt von H[ans] W[ilhelm] Hertzberg, *Das Alte Testament Deutsch*, Neues Göttinger Bibelwerk, Teilband 10, Vandenhoeck & Kuprecht, Göttingen 1968: 256 (ハンス・ヴィルヘルム・ヘルツベルク私訳・註解『サムエル記下』山我哲雄訳、ATD・NTD 聖書註解刊行会（アルトゥール・ヴァイザー監修『ＡＴＤ旧約聖書註解』7）、1998 年（原著第 5 版、1973 年の訳）、161 頁原註 6). および池田裕訳『サムエル記』岩波書店（旧約聖書 V）、1998 年、209 頁訳註 3 参照（同註で根拠として挙げられているのは創世記 5: 10、サムエル記上 31: 13)。

本論文では「序」で、彼女が「ダビデの共犯者であることは否定できない」とした
が、それは女性においても自我意識が確立し、それが十分に主張されるようになった
現代人の発想かもしれない。むしろ旧約の社会背景では、彼女をダビデの被害者とみ
る向きもある。鈴木によると、「ダビデの醜聞からバト・シェバを非難し、彼女を断
罪するのは誤りである。法的に見れば、姦通罪であるから、二人とも死罪であるが、
ナタンはバト・シェバについて何も語っていない。王の命令に無理やり従わせられて
子供を身ごもり、その子が奪われるという。彼女もまた償いを求められていることは
事実であるが、叙事詩の記者は彼女について糾弾する形で言及しない」(鈴木 1993:
243)[24]。

　バテシバは石打ちによる死罪を恐れていただろうが、王を信頼するよりほかに手立
てはない。しかしその唯一の頼みの綱ともいえる王が、かえって彼女を断罪する可能
性すらあった。「この事件の後、ダビデ王はバト・シェバを追放せず、妻として宮廷
に留め、彼女をいたわり、夫としての道を貫いている。ダビデ王が恥辱のしるしとも
なるバト・シェバを追放しなかったのは、償いの責任を負う自覚の現われである」(鈴
木 1993: 243-244)。

　ダビデは彼女に償い、彼女はそれに応え、やがて宮廷の後継者争いにおいて影響力
を発揮するようになる。古今東西、王権争いをめぐる女性は同じようなものである。
王位継承権第二位ソロモンの母バテシバと、それに与する宮廷預言者ナタンとの結託
により、臨終に際しダビデは正式にソロモンへの譲位を告げる。その結果、自ら早ま
って王位についた筆頭候補アドニヤは排斥され、後に命まで奪われる。「列王記」上
が伝える権謀術数、「バト・シェバが宮廷内で徐々に影響力を高めて行ったことは、
ソロモンの即位をめぐるこれら一連の出来事からうかがえる。彼女はダビデ王の寵愛
を受け、王の信任が厚かった。その彼女の周りに人脈ができ、やがて一つのグループ
にまで成長する」(鈴木 1993: 259-260)。たしかに『バテシバ』に認められる、戸惑い
と喜びがないまぜになって半ば放心したような表情は、夫を捨ててでも愛と栄華を手
にしようとする女のそれである。

　一方、宗教研究歴のあるドアの創作小説『ダビデ王とバトシェバ』[25]では、読者の

---

[24] 鈴木佳秀『旧約聖書の女性たち』教文館、1993 年 8 月。

[25] ロバータ・ケルズ・ドア『ダビデ王とバトシェバ 歴史を変えた愛』有馬七郎訳、国書刊行会、
　　1994 年 4 月 (原著 Roberta Kells Dorr, *David & Bathsheba. The Love Story That Changed History*,
　　Living Books Edition, 1980)。

バトシェバ［バテシバ］への賛同を誘う設定が随所に施されている。夫であるヘト人ウリヤは冷淡な男であり、十四歳で嫁いで来てから四年も経つのに子を授からなかったのは、石女と蔑まれた彼女に落ち度があったのではなく、明らかに彼に生殖的な欠陥があったからである。姑イムアシュタも狷介固陋な老婆として描かれ、異民族の二人は元は異教徒で、イスラエルの神への不信心や風習への無理解がある。

ダビデ側もまた同情の余地があり、元は羊飼いで詩人・楽人でもある王を見下す先王サウルの娘ミカルをはじめ、アムシュノンの母アヒノアム、アブサロムとタマルの母マアカ、財産家の未亡人アビガイルと、四人の妻妾との関係はかなり冷え切ったものである。要するに、婚家では身の置き所の無いバテシバを、神に選ばれし栄光や華々しい戦歴とは裏腹に孤独な心を抱えたダビデが見初め、激しい恋に落ちるのは必然であり、悩み活動するバテシバに読者も同情心を抱きやすい設定となっている。

レンブラント『バテシバ』のモデルとなったのは、多くの研究者が口を揃えて言っているように、画家の内縁の妻ヘンドリッキェである。その最も明らかな証は、同じルーヴルに収められた彼女の肖像画（「ヘンドリッキェ・ストッフェルス」1652年頃）である。正面から描かれた彼女のふくよかで慈愛に満ちた表情は、まったく『バテシバ』のそれを連想させずにはおかない。

このヘンドリッキェについて、共感と親愛の情を寄せた野中の評[26]がある。野中はそこでさらに、1655年頃のものとされる素描『画家の家で縫い物をする女たち』を例に引き（野中 2002: 137）、ヘンドリッキェが家運傾いたプレーストラートの家事一切を切り盛りし、多作な画家の最高のモデルとしてだけでなく、精神的な柱となって家族を支え続けていたことを讃えている。レンブラントの前の愛人であったヘールトへからの嫉みや、亡妻サスキアの遺産のため正式に再婚できない画家との「不道徳な関係」を教会から指弾されるなど、ヘンドリッキェがバテシバを連想させるような境遇に居たことは、多くが指摘する周知の事実である。わずか十年後の1663年には画家に先立って世を去る彼女であるが、しかし二人にとってのソロモンとは、ほかでもない、数々の傑作絵画であったことを、もちろん彼女は信じていたであろう。

レンブラントが『バテシバ』でそれまでの範型的な裸体像を描かず、また非道徳的な女の心の揺れを描いたのは、「バテシバ事件」をめぐるダビデとバテシバへの彼の共感、過去への訣別、不遇な現在からの脱出（これは叶うことがなかった）といった

---

[26] 野中惠子『レンブラント』審美社、2002年11月

私生活における要因と、絵画様式の変革、17 世紀的リアリズム、画布上の表現からの鑑賞者の超越（後述）への促し、すなわち形而上学的性格、といった芸術面における要因とを併せたうえで、彼が確信をもってなした造形的営為である。我々は、それを適切に解読するために、美学的のみならず、倫理学的にも考究する必要がある。

むすび

クラークは次のように述べている。「レンブラントは、彼のバテシバにきわめて複雑な夢見るような表情を与えているので、われわれは彼女の考えを、ここに描かれた時点より遥か先の方まで追って行くことができる」(Clark 1960: 330[27])。すなわちクラークもまた、ガントナーらと同じ見解に達していることがわかる。レンブラントが直接に提示したのはバテシバの沐浴の場面（ダビデが最初に目撃した）と、王からの召命の手紙を受ける場面の二つを併せたものであるが、彼女の表情やしぐさといった内容、そして持ち前の卓越した明暗の手法（キアロスクーロ）等の形式は、観る者に彼女をめぐる物語の流れを感じさせ、ダビデ王位継承、ひいては民族の歴史の趨勢さえ意識させることに成功している。すなわち、この絵には超越を促す力がある。一場面で終わらせることなく、一枚の絵で完結させることなく、偉大な作家の無数の作品および過程が、物語の一連の流れ、人物や一族の盛衰までもが、何ら強引な押しつけによることなく、観る者が自らそれを繙くのを誘うかたちで、ここに提示されている。

『バテシバ』はけっして未完の作ではない。それはダ・ヴィンチやミケランジェロをさらに上回るようなレンブラントの強靭な制作力が、見事にそれを完成せしめた。しかしそのことによって、より深く解読する余地さえそこに秘められているのである。

図版について

ここでは関連する図版を掲示することは一切しなかった。幸い、ほとんどのものがインターネットで容易に画像検索できる（例：「レンブラント」「バテシバ」「メトロポリタン」等。ただし、素描『画家の家で縫い物をする女たち』（野中 2002: 137 参照）だけは検索困難であろうか。読者に手間を取らせることをお詫びしたい。

---

[27] Kenneth Clark, *The Nude*, Pelican Books 1960（クラーク『ヌード』高階秀爾／佐々木英也訳、ちくま学芸文庫、2004 年）

１３　カント（１）

概要
　一　批判哲学の成立
　二　理論哲学
　三　三つの批判書

Immanuel Kant, 1724-1804

　カントは近代最大の哲学者であり、その真価を認めると認めざるとに関わらず、今日において哲学する場合、誰もが避けて通れぬ大思想家である（この点で、ヘーゲルやフッサール、ハイデガーなどといった他の偉大な近現代の哲学者から、さらに抜きん出た普遍的な意義を有している）。喩えて言えば、カントとは、彼以前のすべての西洋哲学がそこに注ぎ込み、また、彼以後のすべての西洋哲学がそこから流れ出ているような大海のような存在である。こうした巨大な存在であるカントについて、本書では二章に分けて取り上げる。前半は批判哲学全般について、およびそのうちの理論哲学について、後半は実践哲学その他について、である。

一　批判哲学の成立

　カントの樹立した哲学体系は「批判哲学」と呼ばれている。「批判」とは、或る能力の可能性を吟味することでその本質を捉え、それによってその能力の限界を見極めることである（「批判」はギリシャ語「クリネイン」（「傾ける」「横にする」、「分離す

る」）に由来する。ここから、「クリニック」（「ベッド」、「医院」）と「クリティック」（「批判」「批評」）という語が生じた。つまり、両語は同語源である）。

　カントの批判哲学は第一の主著『純粋理性批判』（初版 1781 年、第二版 1787 年）によって提示された。それ以前を「前批判期」と呼ぶ。前批判期でカントは、母国ドイツの伝統に則り、ライプニッツ（およびその後継者ヴォルフ）の伝統的形而上学を信奉していた。しかし、英国ヒュームの懐疑論によって、「独断のまどろみ」から目醒めさせられることになる。

　また、同じく英国ニュートンの自然科学が、彼にとって「客観的な、普遍妥当性」を探究する上での規範となる。（カントの自然科学への傾倒は注目すべきである。『純粋理性批判』における最も有名な論点の一つ、いわゆる「コペルニクス的転回」にも、それは顕著にあらわれている。これは周知のように、認識の源泉を、我々の外部にある対象に委ねるのではなく、我々の（超越論的な）認識の仕方そのものに帰するものであるとする見解である。すなわち、認識の基準は、我々の外部にある対象ではなく、我々自身にあるという点で、いわば地動説の逆をいっている、というわけである）

　そして、ルソーの『エミール』にみられる、人間学的な、しかし同時に鋭く近代的な視点に多くを負っている。この近代的・科学的な教育論がカントに与えた大きな影響はとてもよく知られている。

　さて、これらの影響のもとに、カントは形而上学の再検証を企てた。それは哲学史上最大の規模を誇るものである。それが第一批判『純粋理性批判』である。これは批判哲学の序説、いわば規準となるもので、ここから後年の第二批判『実践理性批判』（倫理学）、第三批判『判断力批判』（美学および目的論）も展開されることになる。

二　理論哲学

　第一批判は主に理論哲学を扱う。カントが考察したのは、１．認識論の基礎づけ、２．人間理性の限界、である。

『純粋理性批判』の構成

序論			
超越論的原理論	超越論的感性論		感性の領域
	超越論的論理学	超越論的分析論	悟性［知性］の領域
		超越論的弁証論	理性の領域
超越論的方法論			

このうち超越論的感性論と超越論的分析論［真理の論理学］が認識論の基礎づけを、超越論的弁証論［仮象の論理学］が人間理性の限界を、それぞれ考察する。また超越論的論理学は、分析論第1部「概念の分析論」、第2部「原則の分析論」、弁証論（理性推論の批判的検討）の3部により、伝統的な形式論理学の「概念論」「判断論」「推理論」に対応する体裁を採っている。

・「超越論」

　カントおよびそれ以降のドイツ観念論（フィヒテ、シェリング、ヘーゲル）では、「超越論的」という語が多用されるようになる。「超越論的」とはかつて「先験的」とも訳され、「経験に先立って」の意味で、経験ではなく経験の成立そのものについて考えることである（「超越的」とは違う。「超越的」とは文字どおり「超越していること」、神とか無限とかのことである）。

・「ア・プリオリ」

　同じく、ラテン語の「ア・プリオリ」［〜より先に］（反対は「ア・ポステリオリ」［〜の後に］）も頻繁に用いられるようになる。「超越論的」と「ア・プリオリ」とをほぼ同じ意味に理解してもよい。

　「超越論（的）哲学」とは、「超越的なもの」（すなわち「神」と「自由」と「永遠の命」、あるいは「自己」（魂）と「世界」（自然）と「無制約的なもの」（「無限」））という形而上学の要素について、その成立を問う。カントは、我々にとって可知的なものと不可知的なものとを線引きすることに努めた。彼はこれらの問題について人間の限界を見極めようとして、人間が認識できる限界の外にあるものとして「物自体」を認めたのである。（フィヒテ、シェリング、ヘーゲルという後の時代の哲学者たちはそういった限界を容認しなかった。ここに、「ドイツ観念論」と呼ばれる潮流が形成されることとなる）。

【参考】ヘーゲル『哲学史講義』（フィッシャーの注釈）によれば、「超越論的」は、あらかじめ「我思う」(Ich denke)あるいは「統覚」と呼ばれる自己意識の根源的統一に結びつくことによって「可能的経験の統一」を考えるカントの認識を指し示すために用いられた語である。対象［客観］についての何らかの直接的知識ではなく、特定の認識の形態として必然性と普遍性とを持つもの、要するに、「ア・プリオリ」な諸原理に関わる認識形態を示すのに用いられる。

・カントの認識論

　『純粋理性批判』において具体的にカントが行なったことの一つは、人間の認識論的な解明である。カントは人間の認識能力を、「感性」、「悟性」、「理性」とに三分した（悟性は「知性」とも訳されうる。ただし、知性 inlellectus というラテン語由来の言葉には、かなり豊かな歴史があり、容易に「悟性」＝「知性」と置き換えることに抵抗を感ずる文脈も多い。そのため、我が国ではカントに関しては「悟性」と訳すことが定着している）。

　１．感性

　感性は人間の最も身近な認識手段であり、カント感性論の特徴は、時間と空間を感性の純粋な形式と定めたことである（これは当時としては革新的な考え方で、多くの反論を招いた）。感性は受容能力であり、直観（「直感」が主に「ひらめき」(intuition)／「霊感」(inspiration) に近い意味であるのに対して、「直観」は哲学でよく用いられる語で、極端には「神や真理を瞬時にして捉える」という意である。ただし、カント認識論ではもっと広く「感性的受容」程度の意味で用いる）と関わる。

　２．悟性

　悟性は能動的で、概念形成に関わる。カントの「カテゴリー」［純粋悟性概念］は、アリストテレスのカテゴリー論を発展的・批判的に継承している。そして、カント本人が自らの最大の業績と誇っているのが、「カテゴリーの超越論的演繹」である。まずカントは、ア・プリオリな思惟形式の純粋で完全な原理を求めるための悟性原理を導出する判断を、次のように分析する。

　　一、分量
　　　１．全称的（すべてのAはBである）
　　　２．特称的（若干のAはBである）
　　　３．単称的（このAはBである）
　　二、性質
　　　１．肯定的（AはBである）
　　　２．否定的（AはBでない）
　　　３．無限的（Aは非Bである）
　　三、関係
　　　１．定言的（AはBである）

2．仮言的（AがBならばCはDである）

3．選言的（AはBであるか、さもなければCである）

四、様態

1．蓋然的（AはBであり得る）

2．実然的（AはBである）

3．必然的（AはBでなければならない）

以上が一切の可能的な判断であり、ここから同数のカテゴリーが導出される。

一、分量

1．単一性

2．数多性

3．総体性

二、性質

1．実在性

2．否定性

3．制限性

三、関係

1．内属性と自存性（実体と属性）

2．原因性と依存性（因果）

3．相互性（能動者と受動者との間の相互作用）

四、様態

1．可能性と不可能性

2．現存在と非存在

3．必然性と偶然性

なお、カントは感性と悟性とを橋渡しする役割として、「構想力」を呈示している（構想力は古代から認められている人間能力で、アリストテレスではむしろ「幻想」「空想力」に近い）。

3．理性

カントが行なったもう一つのことは、理性の彼岸を展望することである。理性は人間の最高の能力であり、カントによれば「推理し原理を求める能力」である。カント

83

の第一批判での目論見は、この理性の可能性と限界とを見極めることである。「神」と「自由」と「永遠の命」［魂］という形而上学の問題は三つの「理念」［純粋理性概念］であり、人間理性の限界を超えるもの、手に余るものとして、その先の論究は断念せざるをえぬものとなる。それが超越論的弁証論の「パラロギスムス」［誤謬推理］、「アンチノミー」［二律背反］、純粋理性の理想で述べられる。

　一、誤謬推理　1．実体性　2．単純性　3．人格性　4．観念性
　二、二律背反
　　1．量　「世界には時間的空間的に始まりがある」「世界には時間的空間的に始まりはない」
　　2．質　「世界にあるものはすべて単純なものからなる」「世界にあるものはすべて複合的である」
　　3．関係　「世界には自由による原因性がある」「世界には自由なものはない」
　　4．様相　「世界原因の系列において必然的存在がある」「世界における一切は偶然的である」
　三、理想　1．実体論的証明　2．宇宙論的証明　3．自然神学的証明

三　三つの批判書

　カントは引き続き、『道徳形而上学の基礎づけ』を執筆し、さらに『実践理性批判』へと進む。これらでは批判哲学における倫理学（実践哲学）が主題とされる。

　批判書の最後は『判断力批判』である。『純粋理性批判』が「私は何を知りうるか」、『実践理性批判』が「私は何をすべきか」について論じたものであり、『判断力批判』は「私は何を望みうるか」を問う。具体的には、「美学」（あるいは「感性論」）の基礎づけと、「目的論」すなわち「有機体論的・生命論的な自然観の基礎づけ」である。とくに後者は、当時全盛期であった機械論的自然観に対する重大な異議申し立てであり、ゲーテに始まりノヴァーリス、シェリングらの 19 世紀のロマン主義的自然観の立場からは先駆とみなされた。

14 カント（2）

概要

　一　倫理学概観
　二　カントにおける自由と必然
　三　実践理性の究極目的

一　倫理学概観

　カント批判哲学の第二部門は実践哲学（倫理学）である。これはアリストテレスの倫理学（「徳の倫理学」などともいわれる）と並び、古典的な規範倫理学では最も重要なものの一つであって、20 世紀以降の現代倫理学においても大きな意義を有している。また、生命倫理学や医療倫理学をはじめとする新しい倫理学の立場である応用倫理学とも関わりをもっている。

　アリストテレスやその師プラトンは、人間の「徳」を重視した、いわば徳の倫理学ともいうべき立場であった。一方、カントが『道徳形而上学の基礎づけ』やそれをさらに発展させた『実践理性批判』で展開したのは「義務の倫理学」（義務論）ともいうべきものであって、「汝の格率（＝信条）が普遍的法則となることがらを、その格率を通して汝が同時に意欲できる、という格率に従ってのみ、行為せよ」という定言命法（後述）からもそれが強くうかがえる。

倫理学一覧

倫理学	規範倫理学	徳の倫理学	アリストテレスなど
		義務の倫理学［義務論］	カントなど
		功利主義	ミルなど
	応用倫理学	生命医療倫理学	
		環境倫理学	
		その他	
	メタ倫理学		

なお英米圏では、とりわけ 19 世紀後半から 20 世紀以降、注目すべき多くの倫理学者が登場している（功利主義の J・S・ミル（19 世紀）やシジウィック、徳の倫理学のアンスコム、メタ倫理学の G・E・ムーアなど）。アリストテレスやカントなどの古典的倫理学の基礎的な理解を踏まえ、こうした新たな傾向にも広く関心をもっていることが望ましい。

二　カントにおける自由と必然

　カントは三批判書の第一批判である『純粋理性批判』の「超越論的弁証論」において、「純粋理性のアンチノミー［二律背反］」として、自由と必然の問題を論じていた。ただしここでは、第二批判『実践理性批判』における観点から、自由と必然について検証する。

　カントによれば、我々人間は実践理性を行使するかぎりでは、自然界の法則に縛られつつも、自由意志によって行為している。実践理性には、その行為の善し悪しを定め、正しい行為を命ずる能力が生まれつき具わっている。そして我々に善を行なうことを命ずる理性の命令こそ、「道徳律」あるいは「道徳法則」にほかならない。我々が従うべき真の道徳律は、いつどこでも無条件に守られねばならないもの（定言命法）であり、道徳的行為の主体の利害を度外視した純粋な義務（「そうせねばならない」という義務）である。

　人間は、道徳律という無条件の義務に従っているかぎりで、自然界の法則（＝必然性）を超え、自由に決断している。我々に無条件に善の実行を迫る道徳律は、我々一人ひとりに共通する実践理性の命令である。道徳律に従うとは、我々の実践理性の要求に従うことであり、それは結局、我々自身が、自然法則やあらゆる損得を超えて、我々自身に定めた命令に、自発的に従うことと同じである。したがって、この実践理性の命令に従うことができるときにはじめて、我々は本当の意味で自由といえるのである。

　また、カントは純粋意志を経験（的）意志から分離する。経験的意志は衝動や傾向によって（すなわち他律的に）規定されており、それゆえに幸福という目的以外のいかなる目的ももちえぬから、それが人間の本来の意志であってはならない。それに対して、純粋意志（もしくは、カントによれば「実践理性」）は、ただ自己自身によってのみ、すなわち自律的に規定され、それゆえ自由を自己の法則および目的としており、一切の法的なものと倫理的なものもそこに基礎をおいている。

法としての自由をカントは「人倫性」（あるいは「心性」）と呼び、この道徳性の規定根拠は、実質的ではなく、たんに形式的であり、それは対象のなかにではなく意志のありかたのなかにある。法はただそれ自身のためにのみ（法への畏敬からのみ）意欲され、義務もやはり義務のためにのみ意欲される。カントは次のように述べている。「意志にとっては、意志自身から創出された目的、すなわち自己の自由という目的以外のいかなる目的も存在しない」。

　ここから、道徳的実践を基本とするカント特有の「汝なすべし」という定言命法（「定言」は「断言」とほぼ同じ意。無条件に守らなくてはならぬ道徳的な命令文で、「〜せよ」と表現される）が要請される。これは、

　　汝の意志の格率が常に同時に普遍的な立法の原理として妥当しうるように行
　　為せよ（『実践理性批判』第七節）。

とあらわされる。他のあらゆる倫理学の原則が仮言命法（「〜ならば、〜せよ」）のかたちをとるのに対して、カントによる定言命法は、「〜ならば」という条件節を伴わない。すなわち無条件に行為することを要求している。カントが論難した例「幸福になりたいなら嘘をつくな」をみれば、幸福になることと嘘をつかぬこと（＝誠実さ）とのあいだには必然的な関係は存在せず、むしろ幸福になりたいという「目的」のための、嘘をつかないというのは「手段」にすぎぬことがわかる。両者が必然的関係にないならば、場合によっては「幸福になりたいなら、嘘をつけ」という命令すらありうることになる。

　また、仮言命法においては、何が道徳的であるかについての洞察は、行為とそこからの帰結とのあいだの自然必然性についての洞察にすぎない。すなわちこれは、経験から出発する理論的認識に属するものである。既に述べたように、カントは倫理学が理論的なものに陥ることを防ぎ、理論的認識から独立した、純粋に実践的な倫理学の領域を確保しようとしている。そのために条件節を伴わぬ定言命法が要請されるわけである。

　「目的」と「手段」とについてカントは、『実践理性批判』に先立つ『道徳形而上学の基礎づけ』においては、次のような命題を掲げていた。

　　あなた自身の人格とあらゆる他の人格のうちにある人間性を、たんに手段とし

てでなく、常に同時に目的として扱い、けっして手段としてのみ扱うことがない
ようにしなさい（『道徳形而上学の基礎づけ』）。

　すなわちここでカントは、自他の「人格」を「目的」として尊重し、けっして「手段」
としてのみ扱うことのないように、と提言している。

　こうした定言命法を道徳的実践の基本とするカントの道徳は、功利主義や実用主義
を排するリゴリズム（厳粛［厳格］主義）の立場にあるといえる（特にアンチ・カン
ト倫理学の立場から評判が悪いのは、フランスの政治家で作家（『アドルフ』が有名）
であるコンスタンとの論争において、晩年に執筆された論文「人間愛から嘘をつくと
いう、誤って権利だと思われるものについて」であり、そこでカントは「人殺しから
逃れている哀れな人を匿った場合、その人殺しからその哀れな人はどこにいるか尋ね
られたら、本当のことを言わねばならない」という趣旨の発言をしている）。

三　実践理性の究極目的

　実践理性の究極的目的は絶対に善なるもの（あるいは最高善）であり、これは完成
した道徳性の帰結および成果として、幸福をそれ自身のうちに包含している。最高善
は存在せぬが存在すべき（独 sollen）であり、完成した道徳性（すなわち心性の完全
な純粋性）も存在せぬが存在すべきであり、道徳と幸福とのあいだの調和も存在せぬ
が存在すべきである。それゆえ実践理性の主題は、その無限な過程もしくは悪循環に
おける永続的な当為（「当に為すべし」独 Sollen）である。

　実践理性は最高善を要請し、さらにそれを実現するために霊魂の不滅と神の存在を
要請する。この三つの要請は理性と感性とのあいだの根絶しがたい二元論を前提し、
その止揚（矛盾を克服し乗り越えること）が求められる。こうしたカントの要請は矛
盾に充ちており、まさに「矛盾の巣窟」（『純粋理性批判』におけるカント自身の言葉）
である。ヘーゲルは『哲学史講義』でこう批判している。「これ〔二元論的前提によ
る当為と事実の矛盾〕が究極の立場である。これはまことに高い立場であるとしても、
この立場では真理は到達できない。絶対善は客観性を欠き当為に止まっている。それ
はまた、どこまでも当為に止まっておらねばならない」。

　ともあれ、カントのこうした厳格な倫理学はその後の倫理学の方向を決定づけた。
そしてその影響は今日にも及んでいる。

【論文3】
アリストテレス「三段論法」モデルの、カントによる応用について

第1章

　アリストテレスの「三段論法」［推理式］は、大前提と小前提（あるいは大命題と小命題。二つの真なる「前提」（「命題」、すなわち古典派論理学における「判断」））から、一つの真なる命題としての結論を導出するという手法をとる推論形式である。最も標準的なかたちとしては、大概念・中概念・小概念（あるいは大名辞・中名辞・小名辞）からなる大・中・小の三つの項について、「両端」の項を「中間」の項［媒概念・媒名辞］によって媒介させる。すなわち、それは例えば「AはBを含む」「BはCを含む」「ゆえにAはCを含む」という包摂関係である。

　ところで、カントがアリストテレス論理学においては名辞レベルで適用されていた三段論法モデルをさらに発展させ、「超越論的分析論」に応用しているという興味深い指摘[28]がある。すなわちそれは、カントが直観と概念の関係を三段論法モデルで捉えようとした、とする見解である。より詳しく述べれば、カントは直観を小項、概念を大項の位置に据え、両者の包摂関係を媒介する中項に相当するものとして「図式」（Schema. アリストテレスの三段論法で「格」を意味するσχήμα　（スケーマ）を語源とする）という語に独自の意味を付与し、概念が図式を媒介として直観を包摂するというかたちで、直観と概念の関係を捉えようとした。

　さらに、カントにおいては直観と概念はそれぞれ感性と悟性の産物であり、図式は構想力の所産である。したがって、図式が直観と概念の関係を媒介するということは、構想力が感性と悟性の関係を媒介するということを前提とすることになる。こうしてカントは、我々の認識が生ずる心の二つの源泉である、受動的／感性的な直観と自発的／悟性的な概念とを、構想力によって媒介させる。

　初版でのカテゴリーの超越論的演繹において、カントの論証はこうした「三段の綜合」と呼ばれる予備的分析から始められている。すなわち、それは①直観における覚知の綜合、②構想力における再生の綜合、③概念における再認の綜合、である。このことはまた、図式論が展開される超越論的論理学（ロゴス　の学）が、超越論的感性論（アイステーシスの学）を自らにおいて包摂することを意味する。

　事実カントは「超越論的感性論」の末尾で、この感性論の「第二の重要な案件［仕

---

[28] 例えば上山春平「カントのカテゴリー体系」（『歴史と価値』岩波書店、1972 年に所収）、参照。

89

事］」が、「方法論［オルガノン］として役立つべき一個の理説について要求されう
るほどに確実で疑うべからざるものであること」であると述べ、「超越論的感性論」
にも「オルガノン」とみなされうる要素が含まれていることを示唆していた(A46/B63：
Aは初版、Bは第二版の頁数)。

　その「第二の案件」について、これは第二版で若干の修正が施された箇所であるの
でより注意が必要である。まず、これに先立つ第一の案件と思われるのは、カントに
よれば「まず何よりも必要なことは、我々の見解に対するあらゆる誤解をあらかじめ
防ぐために、感性的認識一般の根本性質に関し、我々の見解がいかなる点にあるかを、
できるだけ明瞭に説明すること」(A41/B59)である。ここでカントは、ライプニッツを
批判しつつ、感性と悟性［知性］との区別を論理的なものではなく、超越論的なもの
とみなければならぬ、と説く（これについては、やはり「超越論的分析論」の末尾「反
省概念の多義性について」でも論ぜられる）。

　そして「第二の重要な案件」としての「オルガノンとして役立つべき一個の理説に
ついて要求されうるほどに確実にして疑うべからざるものであること」について、こ
の「確実性を十分に明瞭にするために、その妥当するゆえんが一目瞭然でありうるよ
うな例」として、カントは直後で幾何学におけるア・プリオリな純粋直観と経験的直
観との区別について言及している。

　『純粋理性批判』の初版から第二版への改訂にあたって、これ以外にも多くの箇所
で大小様々な変更が施されている。まずこの記述が含まれる「超越論的感性論に対す
る一般的註解」そのものが大幅に加筆されている。それに伴い、全体がローマ数字で
ⅠからⅣまで章立てされ、さらに末尾に「超越論的感性論の結語」が付け加えられて
いる(B66-73)。すなわち、初版における当初の記述は、現行第二版のほぼ「Ⅰ」の部分
のみ(A41-49/B59-66)にすぎぬのである。

　まずより広い視野でこの論述の周囲を見渡してみると、「第二の重要な案件」につ
いて、「そして、「3」において述べられたことをいっそう明瞭にするために役立ち
うるような」という語句が加わっているのは、そもそもこの「3」(A25-30/B40-45)自
体が第二版で大幅に増補されているからである。このあたりの事情を検証してみよう。

　何よりもまず、各節に番号が付加されたことが第二版以降からのことであるし、「3」
に「空間概念の超越論的究明」と見出しがつけられたのも同様である。なおこれは、
これに先立つ記述(A22-25/B37-40)が、同じく「空間概念の形而上学的究明」と改めら
れたことに呼応している。さらに詳しくいえば、カントが当初の初版での説明に「形

而上学的究明」という題名を付け加え、「上述の諸概念からの結論」(A26-30/B42-45)
とのあいだに、新たに「超越論的究明」を挿入したのである。

　すなわち、そもそも初版においては、空間・時間ともに、それらについて「形而上
学的究明」「超越論的究明」の区別はなされていなかった。この補筆に関して特記す
べきは、カント自身が言うように「そこから他のア・プリオリな綜合認識の可能性が
洞察できるような原理」について、この補筆が説明している、ということである。す
なわち、空間とは「根源的直観」であり、「対象についての一切の知覚に先立って」
いる、つまり「純粋直観」である。「客観そのものに先立って存在し、客観概念がそ
こでア・プリオリに規定できるような外的直観」が「我々の心に内在できる」のは、
この外的直観が「客観によって触発され」て、「客観の直接的表象」つまり「直観」
を得るという、「主観の形式的性状」・「たんに外部感官一般の形式」として「たん
に主観のうちにその座を有する」(A25/B41)ことなのである。

　こうしてカントが形而上学的究明と超越論的究明の区別を書き加えたことによって、
問題が「知的直観」と関わってくることがより明らかとなる。カントはこの「超越論
的究明」で、はっきりとその名を挙げてはおらぬが、「我々以外の思惟する存在の直
観」すなわち神の直観について言及しているからである。「知的直観」をめぐるカン
トと、後代のフィヒテおよびシェリングの比較的考察の足掛かりが、ここに見出せる。
カント以後、フィヒテによる構想力論のさらなる展開を経て、シェリングが「藝術は
哲学のオルガノンである」と極言するに至った系譜が予示されている。

　もちろんカントは、きっぱりと知的直観を自身の批判哲学から排してはいる。それ
はカントが、後述する「超越論的観念性」と純粋直観としての空間のありようを、あ
るいは空間の空間性を、堅持しようとしていることの現れである(ただしその際には、
同じカントがより後の『判断力批判』では、「直観的悟性」というかたちで、知的直
観を消極的にせよ肯定するようになることも忘れてはならない)。

　さて、空間以外のどんな表象にも、超越論的観念性は属さない(Cf. B44)。この主張
は第二版で書き足されたものである。カントは初版の表現では意を尽くしておらぬと
考え、その結果、こういう一連の補筆がなされることになった。そのことによってカ
ントがより明確にしたいと考えていたのは、超越論的感性論で確認された空間の超越
論的観念性が、次段階の超越論的論理学において、しかるべき成果として保たれねば
ならぬということである。バウムガルテンによって「下級認識」の学として創始され
た「感性学」(Äthetik)が、空間の超越論的観念性という成果をもって、超越論的論理

学において貢献する。ロゴスの学に包摂されたアイステーシスの学は、オルガノンとしての超越論的原理論において「超越論的論理学」ともはや不可分な有機的つながりを有し、結合を果たしているのである。

こうした「一方においてはカテゴリーと、他方においては現象と同種でなければならぬ」ような、「一方では知性的、他方では感性的」であるような、純粋な「媒介的表象」としての「超越論的図式」(A138/B177)を産出する「構想力」こそ、「現象の領域では対立している感性と悟性という二つの要素」を「結合する」[29]ものであり、そこにこそ「知性的存在の実り豊かで無尽蔵な性格を辿ることができる」のであり(Smith, Commentary, p. 265)、注目すべきである（これについては、拙著『ドイツ近代哲学における藝術の形而上学』第1部第2章「シェリングのテーゼ「藝術は哲学のオルガノン」」pp. 48-59で詳述しているシェリング藝術哲学における「媒介」と「結合」の意味も参照せよ）。

ここで主要」な点を概括しておくと、まずカント独自の「オルガノン」観であり、より重要なことは、批判哲学における「構想力」の意義である。この働きはカントにおいて三批判の綜合に不可欠であるだけでなく、シェリングの体系においても（さらには、ヤスパースにおいて「すべての包括者の紐帯」たる「理性」に関してすら）、そのつながりを見出すことが可能であろう。

第2章

なお、坂部によると、カントが『純粋理性批判』第二版の標語［エピグラフ］にベイコン『大革新』序文からの一節を引いたのは、ベイコンの「オルガノン・プログラム」（新しい哲学的方法論による、世代を超えた新たな学の体系の構築への提唱）という理念の継承という意味のみならず、論理学史における意義もある、という[30]。

ベイコンの一節がおおよそ意味するのは、論じられる事柄が私見や学派に関わるものではなく、「人類の福祉と尊厳の基礎づけ」に関わり、人々の参加を求め、無限な超人間的なことに関わるものではないことの正しい理解と期待に俟つものであり、さらに「まことにこの革新こそ、限りない誤謬の終わりであり、またその正当・合法的な限界だからである」というものである。

---

[29] なおこの構想力の「結合する」ということについて、ハイデガーがアリストテレスの「ロゴスノ学」としての『命題論』において、最も重要な意義を見出した「結合ニヨッテ」―「結合すること」〔合致〕」との関連を想起させる。

[30] 以下、『岩波哲学・思想事典』(1998年) 所収の『純粋理性批判』(項目執筆坂部恵) を参照。

この一節を引用することで、ベイコンの主著に関する自己理解に仮託して、カントは自己の主著の意義と性格に関する自己理解を暗に示している。しかしそれだけでなく、むしろ『純粋理性批判』の基本的性格を理解するためにより重要なのは、カントが、例えばより認識論的なロックと『人間知性論』ではなく、他ならぬベイコンと『大革新』を自らの仰ぐべき先達として意識していたという点である。

ベイコンは近世初頭において、学問改革、およびそのための論理学・方法論の革新を志した。その際に彼が多くを負ったのは、古代ローマで完成したレトリック［修辞法］の伝統であった。具体的には、彼は古典レトリックの五部門[31]を範型として、新たな知見の獲得・発見や、知識の吟味・組織化等のための論理を模索していた。

近世に入って多分に形骸化したスコラの学問とその論理に代えて、自由学芸、なかんずくレトリックの伝統を重んじて復活させ、時代の知的活動を活性化しようとする傾向は、ベイコンに先立ってルネサンス以来の人文主義者［ユマニスト］に見られたものである（神学‐哲学‐自由学芸、という中世の序列は順次切り崩され、その基底を露呈していった）。ベイコンは、フランスの人文主義者 P・ラムス［ピエール・ド・ラ・ラメ］(1515-1572)らを通して、この傾向を受け継いだ。そのラムスがとりわけ重んじたのが〈配置〉の下位区分の一つである criteria（批評、批判）であった。

ラムスらユマニストの論理思想は、ベイコンに影響を与える一方で、ドイツ学校哲学の論理学教本に取り入れられてプロテスタント圏のドイツに広まった（カントが論理学講義の底本にしたマイアーのドイツ語論理学教程も、今日の論理学教科書のイメージとかなり違って、思考法・方法論概観といった趣のものである）。〈批判〉の基本理念はこのような経路をたどってカントに伝えられた。

主著の冒頭にカントがベイコンの『大革新』の一節を置いたのには、自らの仕事のルーツや素性を再確認するという意味があった。〈批判〉に対しもう一方の〈批評〉の意味での criteria は、後に 19 世紀の批評で先鋭化され「あらゆる創作の営みは批評をそのうちにもつ」という自覚の形成に至る。だがカントはそれに先立ち、〈批判〉無しには知識の組織化・配置はありえず、知識は自己自身の成立条件についての根本的な反省を内に含まざるを得ない（哲学は哲学そのものの存立可能性を問わざるを得ない）という近代知性の危機(crisis)的な在り方を明らかにしたのである。

---

[31] inventio（発見）、dispositio（配置）、elocutio（修辞）、actio（弁舌）、memoria（記憶）

１５　ドイツ観念論（１）フィヒテ、シェリングら

```
概要
 一　フィヒテ
 二　シェリング
```

Friedrich Wilhelm Joseph von Schelling, 1775-1854

　近代ドイツ哲学（ドイツ精神哲学）は、古代ギリシャ哲学（ソクラテス、プラトン、アリストテレスら）とともに、西洋哲学史の頂点を極める潮流である。これは西暦1800年の前後三十年ほどの期間における、カント批判哲学とドイツ観念論（フィヒテ、シェリング、ヘーゲルら）を核とする。
　当時まだ政治的にも文化的にも後進国であったドイツは、この時代になって初めて思想面においてヨーロッパの最高の次元に達し、それは第二次世界大戦まで続く。

一　フィヒテ

　フィヒテは生涯にわたり、「知識学」という学的立場を貫いた。哲学者としてはカント批判哲学の強い影響からスタートするが、後にカント哲学から離反する。

・カントに対する批判

　フィヒテが批難したカントにおける不統一とは、①現象界しか認識できないという、認識における限界、②物自体としての自由意思に発する、実践における自由との齟齬、この二つである。フィヒテは理論的認識も実践の文脈におかれるべきものであると考

えた。カント批判哲学では、理論理性と実践理性とがただ並列されているだけで、その間に統一的連関が無い。フィヒテから見れば、それは「全哲学の基礎」が欠如していることを意味する。したがってフィヒテは、「自我」を全哲学の基礎とする「学問の学問」（Wissenschaftslehre 知識学）を提唱した。

それが最も詳細に展開されているのが主著『全知識学の基礎』で、フィヒテはそこで最大のキーワードである「事行」（Tathandlung)を提起する。事行とは自我の純粋にして無限な働きのことであり、「いかなる客体も前提せず、客体そのものを生み出すような活動(Handlung)、すなわち行為がそのまま所業(Tat)となるような活動」のことである。活動が生じた時、自我および自我についての自己意識が同時に出現し、その結果として自我という主体および自己意識の客体が同時に出現する。

また、フィヒテは受動的な理論的自我と、能動的な実践的自我とを対比した。

・三原則

フィヒテ知識学における三原則は以下のとおり。

第一原則「自我は根源的に絶対的に自己自身の存在を定立する」

第二原則「自我に対して絶対的に非我が反定立される」

第三原則「自我は自我の中に可分的な自我に対して可分的な非我を反定立する」

世俗的な哲学としては、ナポレオン戦争に敗れたドイツを鼓舞するための講演『ドイツ国民に告ぐ』が有名であり、そこで彼は新しい教育によってドイツ国民の共同体意識を高め、独立を回復すべきであることを訴える。新設されたベルリン大学の総長に就任するなど、社会的に大きな名声を得ている。だが、再び始まったナポレオン戦争の際に、まずボランティアで看護婦をしていた夫人がチフスに感染し、彼女は助かったものの、その看護をしてフィヒテ自身も感染して、そのため急死する。

二 シェリング

シェリングは哲学史でも指折りの早熟の天才であった。友人で五歳年長のヘーゲル（と詩人ヘルダーリン）と同窓で、むしろ思想面ではシェリングがリードしていた。

・シェリングの前期思想

シェリング前期思想は自然哲学から同一哲学へと展開した。彼もやはりフィヒテ知識学の後継者としてスタートしたが、後にそれを批判するかたちでまず自然哲学（フィヒテ知識学には自然哲学が欠けていた）を、次いで芸術を真理の「証書」とみ

なす美的観念論、さらに超越論哲学を展開する。

　そこでは、自我と非我、精神と自然、主観と客観の両者の根底に無差別な同一性としての絶対者を考えている。だが、その無差別な同一性は、後述するヘーゲル『精神現象学』において「闇夜の中の黒い牛」と厳しく批判されてしまう。

・シェリングの後期思想

　シェリングは自身の後期思想を「積極哲学」と称している。1807 年ヘーゲル『精神現象学』の登場とともに、時代はヘーゲル哲学中心となる。それが二十数年続いた後、ヘーゲルは全盛期の 1831 年に急死する。1854 年まで生き永らえたシェリングは後期哲学を展開させる。ヘーゲル哲学を「消極哲学」とみなし、それを乗り越えようとした後期シェリング哲学を、ヘーゲル哲学体系より高く評価する研究者も多い。

１６　ドイツ観念論（２）ヘーゲル

```
概要
　一　ヘーゲルの哲学体系
　二　著書と講義録
　三　ヘーゲルの倫理学
　　　——『法・権利の哲学』——
```

Georg Wilhelm Friedrich Hegel, 1770-1831

一　ヘーゲルの哲学体系

　ヘーゲルはアリストテレスと並ぶ哲学史上最大の体系家であり、自らをもって「西洋哲学の完成者」と任じていた。

　ヘーゲルの哲学体系は、例えば著書『哲学諸学のためのエンチュクロペディー』［エンサイクロペディア：百科全書］における三分法によると、以下のとおりである。

1. 論理学
2. 自然哲学
3. 精神哲学

二　著書と講義録

　上に加えて、生前にヘーゲル自身の手によって出版された著書は以下の三つである。

- 初期

『精神現象学』　最も単純な「意識」の段階から徐々に登り詰め、最終的に「絶対知」へと達する過程を描いた書で、存在論や倫理学など哲学の様々な要素が織り込まれた記念碑的著作で、哲学史上最大の名著の一つである。

・中期と後期

『大論理学』　アリストテレス以来の伝統的な論理学のようにたんなる思考の規則や形式についての学ではなく、形而上学的な存在論でもあり、ヘーゲル独自の弁証法に即した哲学方法論でもある。絶対者である神の属性に応じて「存在論」「本質論」「概念論」の三段階を進むにしたがって人間の認識が深まっていき、神そのものである「絶対理念」へと到達する。なお、『エンチュクロペディー』第一部を「小論理学」、本書を『大論理学』と呼び、両者を区別するのが慣例である。

『法の哲学』［法・権利の哲学］　法哲学の書ではなく、倫理学、政治学、社会哲学について論じた書である。人間の権利をめぐって市民と国家とのあるべき関係がいかに構築されていくかが述べられている。

また、ヘーゲルはハイデルベルク大学やベルリン大学での講義を弟子が編集した講義録が多数出されている。

1．『歴史哲学』　彼にとっての現代社会である一九世紀初頭のヨーロッパを中心に、時間・空間における遠近法によって、文明の度合いが位置づけられる

2．『美学』　建築・彫刻から始まり、音楽、絵画、文芸へと、芸術の次元が高まっていく。

3．『宗教哲学』　宗教史を「絶対者」の顕現・自覚の歴史と捉える独自の観点。

4．『哲学史』　近代に確立した哲学史学の元祖ともいえ、ヘーゲルの哲学観に基づいて哲学者や思想が評価される。

三　ヘーゲルの倫理学——『法・権利の哲学』——

1．「法・権利」の意味と、著作の成立

ヘーゲルの倫理学書としては、『法・権利の哲学』(1821)が最重要である。同書に関しては、さらに詳細に紹介しておく。

この書の題名には注意が必要で、従来の『法の哲学』という訳題では誤解が生じる危険性がある[32]。『法・権利の哲学』という書名の正しい訳題は、副題も合わせると『権利の哲学の基本線、すなわち自然権と国家学の要綱』である（ここでの「権利」

---

[32] むしろ『権利の哲学』と訳した方が正確だが、ここでは混乱をさけるため併記する。書名に用いられているドイツ語 Recht（レヒト）は「法」あるいは「権利」、「正義」などの意。

とは主として「所有権」のことを指す)。したがって、この書は法律の哲学を論じたものではない。

「法・権利の哲学」講義は、最初がハイデルベルク大学 1817/18 年冬学期で「自然法と国家学」という題で、ベルリン大学正教授に着任後(1818 年夏学期)の最初の講義でさっそく行なわれ、没するまでに計六回、「自然法と国家学または法・権利の哲学」という題で実施された。ヘーゲルの各種講義中、体系構成ならびに内容の点で完成度の高いものとされている。

これが著作『法・権利の哲学』(1821)となる。同書は後世に及ぼしたひじょうに大きな影響力の反面、きわめて毀誉褒貶の激しい書であったが、今日では史料である講義の筆記録も出揃い、この「法・権利の哲学」の思想像を発展史的に捉え、同時代における影響関係なども検討し、大きく捉え直すべき時期を迎えている。

2．ヘーゲルの国家観

ヘーゲルによれば、個人の所有権を保障するのは国家である。したがって『法・権利の哲学』は「国家学」の本であり、個人の所有権をめぐって、自然権と国家学とが対立することについて論ずる。すなわち、人間の自由という理念が具体化され、権利、契約、犯罪、道徳、家族、市民社会、国家となる様子を、体系的に展開している。その基底にあるのは、個人の自由と権利とが、絶対的な独立性、自己決定性を持つ主権国家と一致するというヘーゲルの主張である。

体系の第一部は「抽象的な権利」であり、この「抽象的」とは「個体化されている」ということであって、ここでのテーマは「個人の権利」である。これを、「所有」、「契約」、「私権の侵害」などから論ずる。第二部は「道徳性」、すなわち個人と個人との関係について論ずる。第三部は「人倫」、すなわち「共同体」について論ずる。

以上、全体において捉えると個人から国家へと展開されていく構成となる。したがって、ヘーゲルの国家観は、抽象的な要素や観念的な契機にすぎない個人から始まり、具体的で全体的な国家へと到達する。そして出発点となる個人の権利は、結局は国家の一部であり、国家によって支えられていることが明らかにされる。

・「個人の権利」→「道徳」→「共同体」

（さらに、共同体の中身として「家族」→「市民社会」→「国家」）

しかし、個人の所有権が国家の一部であり、国家によって支えられているといっても、実は国家には権利を生活の現実に根づかせるだけの力は無い。「個人の権利」と

いう抽象的なものに、具体性・現実性を与えているのは、国家によって制定される法律というタテマエである以前に、まず現実に個々人が行なっている商品交換なのである。その商品交換の場では、個人と個人との間に「権利の相互承認」が働き、個人と個人とが相互に所有権を認め合うからこそ、商品交換が成立可能となる（これは逆からすれば、個々人が交換するからこそ、そこに権利が存在するともいえる）。

　個々人が所属する市民社会は、所有権の相互承認にもとづく商品交換という慣習を生み出し、権利という抽象観念は、個々人の生活の現実において必要なものとなる。そして、この市民社会に内在する権利を、自覚的、制度的に保障するもの、それが国家なのである。このように、個人の自由、権利、人格としての存在は、国家に基礎づけられている、そう考えるのがヘーゲルの国家観である。だから個人は実体などではなく、抽象的なフィクションにすぎない。しかしその反面、市民社会に商品交換という慣習が定着していなかったなら、たとえ国家といえども実は何もできない。

　文化的な統一体である精神、その精神としての国家が独り立ちした「本当の存在」、つまり実体[33]である。国家の具体的・現実的な現象［現われ］は、日々発生する様々な取引や、犯罪およびそれに対する刑罰という偶然的なもの（何が起こるかあらかじめ定められているわけではない）、これらを媒介することによってなされる。

　ヘーゲルの大きな功績として、市民社会という経済社会を、国家から明確に区別して概念化したことが挙げられる。家族、市民社会、国家という三段階が、「人倫」という共同体の「共時的」な要素となり、さらにその「市民社会」を「通時的」な段階に読み変えると、歴史そのものが家族的社会、市民社会、真の共同体という段階を進むという、ヘーゲル独自の構想となる。

　自然と同様に実体であるヘーゲルの国家は、したがって悪の存在しない理想社会ではない。生命体が外部から取り入れた異物を絶えず同化し、同化できないものを排泄しながらバランスを保つように、社会は絶えず発生してくる悪を同化し、同化しきれないものを排除して、自己を維持していく。いわば国家は善悪の全体であり、悪は善の存在のためにもぜひともなくてはならないのである[34]。これも、スピノザの「神即自然」が、全てが含まれた一つの世界であるのと同様である。

　ところが、道徳主義者（例えばカントやフィヒテ）は、善と悪とを、その両者を含

---

[33] スピノザは自然を実体とみなしたように、ヘーゲルが実体とみなした国家も、自然の生命体が新陳代謝で、絶えず自己否定（次注も参照）を通じ自己を維持していく点で似ている。

[34] ライプニッツは『弁神論』で、神は無限にある可能的な世界からこの一つの世界を、最善のものとして選んだが、「最善の世界にすら悪がある」と述べている。

む全体という視点で捉えることができない。したがってカント倫理学のように、たとえ100%の実現は出来なくとも、理想の完成を目指して努力しなければならない。それに対してヘーゲルは、悪の根絶が不可能だとわかっているくせにそれを目指すべきだとするこうしたモラリズムを、所詮は悪無限であり弊害の方が大きいと斥

ける[35]。哲学史・倫理学史では、カント批判哲学の後にフィヒテ（知識学、モラリズム的国家主義）が現れ、そしてヘーゲルが登場するが、その国家観において、ヘーゲルはモラリズムとはまったく無縁である点で、この二人とは完全に異なっている。

3．人倫

・近代的主権国家

ヘーゲルの国家観によれば、たしかに悪は絶えず現われるが、同時に全体も、絶えず自己を回復する力をもつ。この全体の文化単位こそ、ヘーゲルが「人倫」と呼ぶものである。国家が絶対的であるというのは、その国家が近代における真の主権国家だということである。すなわち、国家が善と悪とを含む「全体」であり、世界に現存する唯一つの、本当の意味で独立した存在であって、それは他に依存せず自分で自己を支えている「実体」でなければならない。それは自立性をもった近代の主権国家であり、国家の「絶対性」とはこの「主権」を意味するのである。

・ルソーからの影響

ヘーゲルはルソーを高く評価し、思想史ではルソーが源泉となっている意志論という問題設定をこの『法・権利の哲学』において展開している。それによって、公的なものと私的なものがそれぞれ固有の意義をもちながら、生きた結びつきをもつ共同社会を描き出している。この共同社会では、法（正義）という客観的自由と、個人の主体的自由とが、固有の意義をもちつつ、生きた結びつきを有している。

それを論述するために、『法・権利の哲学』は「自由な意志」から出発し、それが個人の主体的自由から、最終的には法（正義）という客観的自由に至るまで、様々な段階をかたちづくる。その各段階で、権利や道徳性、家族や市民社会そして政治的国家が採りあげられるのである。

なお、ヘーゲルがこの共同社会を構想する上で特に重視したのが、「知る働き」と、

---

[35] 道徳主義者のモラリズムにとっては、悪の根絶が可能だと信じることも、悪の根絶に努力しないことも、ともに不遜であることになるから、出来ないとわかっていても努力しなければならないのである。

それについての「公開性」である。なぜなら、どのようにすぐれた社会や法の制度を考えたとしても、人々がこれらについてよく知らなければ、所詮は砂上の楼閣にすぎないからである。ヘーゲルは段階ごとの叙述のなかで、「人倫的共同体」という共同社会を構成する要素について詳しい検討を施しており、公開性こそが、共同社会の二大支柱である市民社会と政治的国家を貫く原理となる。具体的には、陪審裁判、議会の公開、言論・出版の自由などが不可欠のものと目されている。

・市民社会と政治的国家

また、ヘーゲルはルソーおよびフランス革命を思想的に総括した結果、個的自由［個的意志］と共同的自由［普遍意志］という二つのレベルでの明確な区別を行なっている。したがって、前者に関わる市民社会と、後者に関わる政治的国家と間にもやはり明確な区別が必要であることをヘーゲルは強調している。

だが、ヘーゲルの市民［ブルジョワ］社会に対する鋭い批判や、それを止揚する論理を指弾する、あるいは、ヘーゲルをたんなる国家主義者と見誤るような従来の一般的なヘーゲル解釈は、いずれもヘーゲルが両者をこう区別した意味を捉え損ねている。

ヘーゲル国家論の理解には、同書『法・権利の哲学』と同時代の動きをつかむことが必要である。ヘーゲルが構想する人倫的共同体とは、法（正義）と権利が明確な姿で現れた、まさにヘーゲルにとっての「近代」を踏まえてのものであり、市民社会と政治的国家のそれぞれが固有の圏を有しつつも、知る働きによって一体をなすものとして理解される。その理解が可能となるように、ヘーゲルは制度的な工夫を様々に施している。彼が論ずる「立憲君主制」概念の特質は、ナポレオン没落後の復帰王政期のフランスで生まれたばかりの概念であって、けっしてプロイセンと結びつくものではない。この概念の特質は、君主権と執行権の明確な分離、議院内閣制を見込むものであった。ヘーゲルが構想したこれらの制度は、憲法をはじめ、当時のドイツには無いものばかりであった[36]。

このように、『法・権利の哲学』という著作においてヘーゲルは、その豊かな構想力を遺憾なく発揮しているのである（加藤尚武『ヘーゲルの「法」哲学』未來社、1999 年6 月；今村仁司／座小田豊『知の教科書 ヘーゲル』講談社選書メチエ、2004、pp. 252-253「7 法の哲学」（執筆：滝口清栄）を参照した）。

---

[36] ベルリンを首都とするプロイセン王国を中心に、統一ドイツ帝国が成立し、欽定憲法が発布されたのは1871 年、「プロイセンの御用哲学者」と揶揄されたヘーゲルの没後四十年も経って、ようやくのことである。

１７　非合理主義哲学（キルケゴール、ニーチェら）

概要
- 一　ショーペンハウアー
- 二　キルケゴール
- 三　ニーチェ

一　ショーペンハウアー

　ヘーゲルの合理主義的哲学に対する異議申し立てとしては、ヘーゲルのベルリン大学での若き同僚で、あえて同じ曜日・時間帯に授業を行なってまったく受講生が集まらなかったというエピソードでも有名なショーペンハウアー(1788-1860)が居た。彼は大学教員としては大成しなかったが、在野の思想家として若くして大著『意志と表象の世界』を執筆するなど、すぐれた著述活動を展開した。後代の「生の哲学」にも影響した。さらに、ショーペンハウアーの芸術論では音楽が最高の位置に置かれており、それはワーグナーやニーチェの芸術論にも大きな影響を与えている。

　そしてさらに反ヘーゲルの度合いが増していくと、これはまさに反理性主義的・非合理主義的な哲学というかたちをとるようになってくる。代表者として、キルケゴールとニーチェがいる。この二人はいずれも、さらに20世紀半ばになって実存思想が台頭してきたときに、その源流としてハイデガーやヤスパースらに高く評価されるという共通点を持つ。

二　キルケゴール

　キルケゴール(1813-1855)はデンマーク（苗字の正しい発音は「キアゲゴー」で、「キルケゴール」というのはドイツ語風の発音である）出身の哲学者・神学者で、ベルリン大学に留学し、シェリングの講義を受講している（しかしその期待とは裏腹に講義内容に不満を覚えたキルケゴールはじきに出席するのをやめてしまう）。
となる。

　主な著書に『死に至る病』『あれか‐これか』『不安の概念』などがある。彼の思想のなかで、特に「実存の三段階説」が重要である。第一は美的実存であり、行動や選

択の根拠として、美や快楽を基準に生きている段階である。しかしそれは挫折せざるを得ず、第二の倫理的実存の段階に達し、人間の精神性に目覚め、倫理的に生きようとする。しかしこれにも限界があり、自己の無力さを痛感せざるを得ない。度重なる絶望の果てに、とうとう第三の宗教的実存の段階に至って、自己を神に預けることにより、神を前にした本来の自己にようやく気づくのである。

三 ニーチェ

　ニーチェ(1844-1900)は若干二十四歳にして名門バーゼル大学の古典文献学教授に就任するなど、すぐれた才能を発揮するが、心身ともに病み、教職は数年にして退く。そして著作も『悲劇の誕生』『善悪の彼岸』『道徳の系譜』『ツァラトゥストラ』等、過激で覚醒的な内容の思想書となっていく。晩年は発狂し恍惚の人となった（『力への意志』は遺稿を元に死後になって編集・出版されたものである）。

　倫理学としては「ルサンチマン」（社会的弱者が強者に対し抱く怨恨・憎悪）が示された『道徳の系譜』が最重要書である。後年ニーチェは同書を「僧職についての最初の心理学を内容とする」とし、それを構成する三つの論文を「一切価値の改価のための一心理学者の三つの決定的な準備作業」と呼んでいる（『この人を見よ』）。

　第一論文「「善と悪」・「よいとわるい」」は「キリスト教の心理学」を提示する。すなわちそこでは、いわゆる「善悪」という従来の道徳的価値判断は、もとキリスト教的奴隷人の「反感」に由来するもので、それは要するに、古代的貴族人および貴族的価値判断の支配に対する大掛かりな反乱に外ならない。

　次に第二論文「「罪責」・「良心の呵責」・その他」は「良心の心理学」と呼ばれる。「良心」はここでは、一般に信じられているように「人間における神の声」としてでなく、かえって、外への放出を堰き止められて後転して内へ向かった「残忍の本能」として特性づけられる。そうしてこの残忍性こそは、文化の地盤を形作る最も古い、かつ最も無視し難い要素の一つであるということの実証が試みられる。

　最後の第三論文「禁欲主義的理想の意義」は別して「僧職の心理学」と呼ばれるべきものである。僧職的理想としての「禁欲主義的理想」は何よりも「有害な理想」であり、畢竟「虚無への意志」である。にもかかわらず、この理想が従来地上にまったくその反対者をもたなかったのはなぜであるか。「人間は意欲し無いよりは、まだしも無を意欲する」――つまりそれは人間の「仕方なさ」のためである、というのが答えであった（木場深定訳『道徳の系譜』（岩波文庫、1940 年）訳者解説を参照した）。

104

18 功利主義（ベンサム、ミル、シジウィックら）

概要
一　ベンサム
二　Ｊ・Ｓ・ミル
三　シジウィック

一　ベンサム

　功利主義はベンサム（ベンタムとも。1748-1832）が最初に定式化した倫理思想である。それは、政治においても道徳においても、何をなすべきかを考える際に指針となるのは、「功利性の原理」において他に無いとする。彼の思想は「最大多数の最大幸福」という有名な言葉に集約されている。彼の主著『道徳および立法の諸原理　序説』は功利主義の初期の代表作である。以下、この『序説』から要点を概説してみる。

　功利原理とは「正・不正の基準」であって、人がなすべきこと・正しい行為とは、社会全体の幸福を増やす行為のことであり、その反対であってはならない。一方、不正な行為とは、社会全体の幸福を減らす行為のことである。ベンサムによれば、幸福とは快楽に他ならず、不幸とは快楽の無い状態か、苦痛のことである。

　ベンサムは「禁欲主義の原理」と「共感・反感の原理」を批判した。前者は功利主義とは逆に「苦痛は善、快楽は悪」とする、古代ストア派哲学や一部の宗教家の考え方である。そして後者は、正しい行為とは自分が気に入った行為のことであり、不正な行為とは自分が気に入らない行為のことであるとする考え方である。ベンサムによれば、これまでのほとんどすべての哲学者がこういう考えをしており、彼らは自分の考えをもっともらしく見せるために「自然の法」とか「良心」とか「永遠不変の真理」とかいう言葉を持ち出してきた。これらに対して彼は、こういう考え方を持ち出しても議論のしようがなく、結局のところは多数派が少数派に、権力者が社会的弱者に対して、自分らの考えを無理矢理押しつけることになってしまうだろう、と批判した。

二　Ｊ・Ｓ・ミル

　三人のなかで最も重要なのがジョン・ステュワート・ミル(1806-1873)である。彼の

105

父ジェームズ(1773-1836)も著名な学者（哲学・歴史学・経済学）であるため、イニシャルをつけて呼ばれるのが通例である（本書では特に断らないかぎり、たんに「ミル」で息子のJ・S・ミルを指すことにする）。

ミルは哲学者・社会思想家・経済思想家であり、それぞれの分野にすぐれた業績がある。哲学・倫理学に関するものとしては、『論理学体系』(*A System of logic,* 1843)と、『自由論』(*On liberty,* 1859)、『功利主義論』(*Utilitarianism,* 1861)などがある。

・自由論と功利主義

19・20世紀の英米倫理学において、最も重要な立場の一つがミルの自由論である。それは約言すれば、「他者に害を及ぼさないかぎり、その人の自由は最大限に認められるべきである」という「危害原理」に基づく。個性や自由を活かすため、国家による干渉（「パターナリズム」）に対して、正当な干渉の一般的基準を提示した。

ミルはベンサムの功利主義から影響を受け、それを擁護したが、ベンサムの量的功利主義を批判し、ミルは質的功利主義を提唱した。それは量的な肉体的快楽と、質的な精神的快楽とを峻別するものである。だが快楽の質を重視し人間の個性に配慮する点で、功利主義の科学的思考と相容れぬ部分があり、むしろ功利主義自身が避けようとした道徳観が不可避的に入り込んでくる恐れもある。

・ミルの論理学

ミルは功利主義的倫理学や経済学で業績を遺しただけでなく、大著『論理学体系』で帰納法の論理学を大成した。父から英才教育を受けたミルは十代前半にしてアリストテレスの「オルガノン」を原語のギリシャ語で読み始めていた。しかし、彼の論理学はその独自の帰納法において有名であって、帰納法をあまり重要視しなかったアリストテレス流の三段論法とは少々異なる。

『論理学体系』は狭義の論理学だけでなく、認識論や科学方法論をはじめとする広い領域の哲学的問題を論じている（古いが邦訳も出ており、全六巻もある）。ミルはこの大著を執筆して、直観的認識によって真理が洞察できるとするヒューウェルの立場を、経験主義の見地から批判しようとした。ヒューウェルはミルに比べると今日ではあまり知られていないが、科学全般に精通した思想家で科学史・科学哲学・科学的方法論などの業績がある（19世紀英国で『オルガノン』という名の本を著した人物であり、「科学者」(scientist)という語を最初に用いたことでも知られる）。

ただしヒューウェルの科学観は、カントのいうア・プリオリな要素を認めるものであり、ミルの経験主義とはかなり対立している。また、英国国教会の敬虔な教徒であ

ったヒューウェルは科学においても天地創造や神の叡智などの神学を拠りどころとしていて、ラプラスの星雲説もダーウィンの進化論も斥けていた。その点でも非国教派で革新派のミルは対立していた。

ミルの経験主義は18世紀以前のロックやヒュームらのイギリス経験論の伝統を継承しており、人間の認識に関するすべてのものは感覚経験に由来すると考え、論理学・数学・科学など、経験論では扱いづらい問題にあえて取り組んでいる。

例えば数学的対象としての「三角形のイデア」を、現実の三角形とは区別するプラトンのイデア論に代表されるように、数学的真理は直観的に洞察されると昔から考えられてきた。しかしミルは経験主義の立場から、数学的真理は実際の経験によってしか確信できないとする「心理主義」の立場をとり、同様に心理主義の立場から、「あらゆる数は、何かの数でなくてはならない。抽象的な数のようなものは存在しない」として、「数のイデア」「数そのもの」を斥ける。この心理主義は20世紀初頭の現代論理学や数学基礎論などから否定的に評価されたが、20世紀も後半になると肯定的に評価されるようになった。

・「発見の論理」——四つの方法——

ミルは当時主流だった伝統的な演繹法による論理学（アリストテレスの三段論法）に対して、帰納論理学を提唱した。有名なのは1．「一致法」、2．「差異法」、3．「剰余法」、4．「共変法」という四つの方法である。これらは或る未知の事象を前にして科学者が採るべき探求の方法を指示したものであり、現実に多くの偉大な科学上の成果を挙げている。

1．一致法　「研究しようとする現象を含んだ二つ以上の事例が、ただ一つの事情だけを共通にしているとき、すべての事例がそれにおいてのみ一致する事情は、与えられた現象の原因（または結果）である」（例：パストゥールの発見）。

2．差異法　「研究しようとする現象が生起している事例と、その現象が生起していない事例とが、前者においてのみ生起している一つの事情を除いて、すべての事情を共通にしているならば、それにおいてのみ両事例が異なる事情は、その現象の結果であるか、原因であるか、または原因の欠くことのできない部分である」（例：クロード・ベルナールの実験）。

3．剰余法　「或る現象から、以前の帰納によって、しかじかの前件の結果であると既に知られている部分を控除せよ。そのとき現象の剰余部分は、他の前件の結果である」（例：ラムジーの発見）。

107

4．共変法　「或る他の現象が或る特殊な仕方で変化する度ごとに、何らかの仕方で変化する現象は、その他の現象の原因であるか、結果であるか、または因果関係のある事実によって、これと連結している」。

三　シジウィック

功利主義の代表者三人目のシジウィック(Henry Sidgwick 1838-1900)は、英国 19 世紀のまさにヴィクトリア朝時代を生きた倫理学者である。彼は一般にはあまり知られておらず、邦訳も古いもの以外あまり出されてないが、英米圏では影響力は大きく及んでいる。例えば 20 世紀を代表する倫理学者ロールズ（『正義論』で有名）なども高く評価している。主著に『倫理学の方法』（初版 1874 年。第一部で倫理学の概念等の概括、第二部で利己主義、第三部で直観主義、第四部で功利主義、の四部構成）や『倫理学史』(1886)があり、特に前者は現代の道徳哲学の基礎を作ったと誉れ高い。

・シジウィックの思想的発展

シジウィック自身の思想的発展は、それ自体で 19 世紀英国倫理学史のダイジェスト版ともいってよい。それを知れば読者もこの時代の英国倫理学史を効率よく学べる。前掲『倫理学の方法』第六版（没後 1901 年に刊行）「前書き」に、倫理学に関する思想的遍歴について自身による小文が付されており、彼の思想の概略ともなっている。

彼は四つの倫理思想から影響を受け、四つの段階を経ている。第一段階は「ミルの功利主義」、第二段階は「カントの定言命法」、第三段階は「バトラーの倫理学」、第四段階は「アリストテレス『ニコマコス倫理学』」である。順に見てみよう。

第一段階　ミルの功利主義によって彼は、それまで従うべきであると教えられてきた不合理で疑わしい道徳規則（いわゆる常識道徳）の呪縛から抜け出られた。彼は既に学生時代に学んだヒューウェル倫理学から、常識道徳に対する強い反感を抱き、その直観主義（倫理的価値観をもともと自明なものと考え、直観によって誰もが共有できるとする）には厳密さが欠けていると考えていた。ミルはそれを裏づけたのである。

シジウィックは特にミルの「心理的快楽説」（事実として各人は自身の幸福を追求する）と「倫理的快楽説」（各人は全体の幸福を追求すべきである）の二つを評価し、自己の「利益」と全体の幸福を追求する「義務」の間に当初は矛盾を認めてなかった。

しかし、両者に起こりうる衝突は哲学的に考察せねばならず、各人にとって自分の「利益」が最重要だとすれば、その追求は全体の幸福を追求する「義務」とどの程度調和するかが問題となる。それを『倫理学の方法』第二部「利己主義」論で考察した。

その結論は、自己の幸福と全体の幸福との衝突は、少なくとも現世では完全に解決することができないという、まことに厳しいものであった。全体の善のために自己の幸福を犠牲にするのが正しいことであると、何とかして「わかる」必要があるのである。

　したがって、彼はかつての直観主義批判を修正し、功利主義にも根本的な倫理的直観が必要だと考えるようになった。

　第二段階　直観の哲学的基礎を追求した際、カントの定言命法（「普遍的な法となることを意志できるような原則や格律に従い行為せよ」）は、聖書の黄金律（「何事でも人々からしてほしいと望むことは、人々にもそのとおりにせよ」（マタイ7-12）の真理を、理性に訴える仕方で説かれたものだと気づいたシジウィックは、自己にとって正しいことは、類似した状況に置かれたすべての人にとっても正しいはずだ、とカントの格律を理解し、それは正しく、また実践的にも有意義であると考えた。

　しかし、これだけではまだ義務を自己利益よりも優先する理由にはならない。合理的利己主義者（例えば同じ英国のホッブズ）なら、自己保存が第一の自然法で、社会道徳の唯一合理的な基礎である。「自己利益と全体の幸福が衝突する際には、自己利益を優先すべきだ」という格律は普遍的であって、たとえカントの原則を受け容れても、なお利己主義者であり得る。それこそ「宇宙の視点」からすれば全体の幸福が増えるように行為することが合理的だが、あくまで個人的視点にとどまるかぎり、自己の幸福を促進することの方が合理的であり得る。またもシジウィックは行き詰った。

　第三段階　シジウィックがバトラー（Joseph Butler 1692-1752. 良心の権威を主張）を評価したのは、第一に、慈愛と良心との関係を直視していた点である。人間本性における上位の原則として、慈愛と良心という二つの原則が並存しており（支配的な器官の二元性）、その権威は理性に由来する。いわば「実践理性の二元性」である。

　第二に、心理的快楽説は間違っており、行為者自身の快楽を目的にしているわけではない行為（私心のない行為）が存在する、とする点である。さらにバトラーの功利主義批判の影響からシジウィックも或る点で直観主義者となる。全体の幸福を目標にせよという第一原理は、根本的な道徳的直観に基づくと言わざるを得ないからである。

　こうしてシジウィックは、功利主義の第一原理と、カント定言命法とを受け容れた直観主義者となった。さらに多くの直観を受け容れるべきかについて、彼は普通の人々の良心さえあれば十分だというバトラーには同意せず、人々は言葉の上で意見が一致しているように見えるだけで、実際には不一致があると考えた。すると次は、受け容れてよい直観とそうでない直観は、どう区別できるかが問題となる。

第四段階　それに答えを与えたのがアリストテレス『ニコマコス倫理学』であった。そこでは、アリストテレス本人や他の人々に共有されているギリシャの常識道徳が、注意深い比較を通じて一貫性を持ったかたちで提示されており、シジウィックはこれを自分の時代（19世紀英国）の常識道徳について行なった。それが『倫理学の方法』第三部の直観主義論である。

その結果、常識道徳の諸規則と、カント定言命法や功利主義の基本原理との間には根本的な違いがあることが示された。功利主義の基本原理こそが、普遍的な法として意志することが明らかに可能な唯一の原理なのである。「ここに至って、私は再び功利主義者になった。しかしその土台は、直観主義的なものであった」（『倫理学の方法』）。

『倫理学の方法』は、①利己的快楽説［利己主義］と普遍的快楽説［功利主義］を明確に区別した点、②直観主義の分析によって、功利主義に直観主義的な要素が必要であることを、また同様に、直観主義にも功利主義的な要素が必要であることを、それぞれにおいて見た点、以上の二点で注目すべき書である。

シジウィックは、いわゆる悪名高いホッブズ主義（極端なエゴイズム）と、功利主義を明確に区別するという、かつてミル父子がやろうとしていた仕事を引き継いで、ホッブズ主義とはすっぱり縁を切ろうとした。その一方で、「功利主義と直観主義者について通常言われている対立を超越すること」（『倫理学の方法』）を試みたのである（シジウィックの項は、児玉聡『功利と直観　英米倫理思想史入門』勁草書房、2010年11月、pp. 90-95を参照した）。

【倫理学コラム】
哲学と隣接諸学——ヴェーバーの社会学——

　哲学と隣接する学問といえば、何といっても倫理学や宗教学や美学が代表的である。むしろこれらの学問は、哲学とかなりの部分で一体化しているといってよい。さらに19世紀末から20世紀初頭にかけての言語学と精神分析学と社会学も、哲学とやはり多くの部分で深く関連している。それぞれの分野を代表する三人として、言語学のソシュール、精神分析学のフロイト、社会学のヴェーバーがいる。このうち、前二者については解説文中で採りあげているので、ここではマックス・ヴェーバーについて簡略ながら紹介したい。

　ヴェーバー（ドイツ語の正しい発音。一般には「ウェーバー」とも呼ばれる）はもちろん社会学としても最重要人物であるが、なんといっても「責任倫理」を提唱した点で倫理学においてもきわめて重要である。また、ハイデルベルク大学のヴェーバー・クライス（ヴェーバーを中心とした諸分野の研究者による集い）の一員だったヤスパースは、個人的にもヴェーバーに心酔しており、彼こそまぎれもない「大哲学者」の一人であるとみなしてすらいる。

・ヴェーバーの社会学

　マックス・ヴェーバー(1864-1920)は20世紀最大の社会学者である。彼は主著『プロテスタンティズムの倫理と資本主義の精神』で、カルヴァン派を中心とした禁欲的プロテスタンティズムが、宗教史における脱呪術化を通じて、西洋近代の合理的経営資本主義に適合する宗教的倫理となっていったことを看破した。

　また彼は「責任倫理」を「心情倫理」に対置した。前者は「行為に際してそれが現実に行われる場合の人間的欠点を計算に入れ、その行為の結果をあらかじめ可能なかぎり予測し、結果に対する責任を考慮に入れる立場」（『職業としての学問』）であり、後者は行為の結果ではなくその意図だけで当の行為が正当化されるとみなす立場である。当然ながらヴェーバーは、現代の時代状況に適合するのは責任倫理だとした。

　なお、ヴェーバーとともに当時の社会学を代表するのがジンメル(Georg Simmel 1858-1918)であり、彼は『レンブラント』等で「生の哲学」の代表者の一人でもある。

　社会学はコントやスペンサーらによって創始され、それに続く世代が彼らヴェーバー、ジンメル、そしてデュルケームらである。

19 フッサール

概要
　一　19世紀末から20世紀初頭のドイツ哲学
　二　フッサールの前期思想
　三　超越論的現象学

一　19世紀末から20世紀初頭のドイツ哲学

　19世紀末から20世紀初頭のドイツ哲学界を概観すると、ヘーゲル没後はヘーゲル学派が栄え、フィッシャーらによって大部の哲学史書が執筆される。こうしたヘーゲル本人およびその直弟子から始まるヘーゲル学派に対しては、既に述べたようにショーペンハウアー、キルケゴール（デンマーク人でドイツに留学）、ニーチェといった反ヘーゲルの立場（非合理主義哲学）が対抗してあらわれていた。

　同じく19世紀後半には、「カントに還れ」をスローガンとする新カント学派も登場し、1920年代終わりにハイデガーが台頭してくるまで栄える（この時代は我が国の文明開化以降の西洋哲学受容期と重なり、その理由で日本ではカントを中心とするドイツ哲学が哲学理解のスタンダードとなってきた）。

　その他の重要な思想としては、1．マルクス／エンゲルスの共産主義や史的唯物論（第12章参照）、2．ディルタイの「生の哲学」や解釈学、3．フレーゲの記号論理学などが挙げられる（第21章。フッサールは特にフレーゲの算術論から影響を受けていた）。ディルタイ(Wilhelm Dilthey 1833-1911)は19世紀後半の自然科学興隆の時代にあって、精神科学の基礎づけを行なったほか、記述的・分析的心理学によって了解心理学の源流となった(初期ヤスパースの精神病理学もこの影響を大きく受けている)。またそこから哲学的解釈学を確立した。この方法論は後年、ハイデガー『存在と時間』において、フッサール現象学と結びつけられた。

二　フッサールの前期思想

　そして20世紀の初めに登場した最も重要な哲学的潮流が、フッサール(1858-1937)の現象学である。それはまず、「事象そのものへ」をスローガンに、いかなる前提や

独断にも囚われず、現象そのものを把握し記述する方法として提唱された。

　前期の主著『論理学研究』では 記述的心理学が展開された。主なキーワードとして、「志向性」（自我が対象を意識すること）や、「ノエシス」（意識作用のこと。その機能について考察するのが認識論）そして「ノエマ」（志向的相関者／対象のこと。その在り方について考察するのが存在論）などがある。こうしてフッサールは、自我［認識や行為の主体］の自己省察を行なっていく。

三　超越論的現象学

　中期に至ると一転してフッサールは心理学主義批判に立場を改める。そして後期にかけては「超越論的現象学」を標榜するようになる。この時期の主なキーワードに、まず「現象学的還元」がある。これは、意識を自我の心理作用と解釈することを遮断する（これを「判断停止／エポケー」と呼ぶ）によってなされる。次に「本質直観」がある。これは、明証的で普遍妥当的な本質認識を追求するため、事実からその本質へと還元する［さかのぼる］ことである。フッサールはデカルトの影響を強く受けており、「間主観性」について論じている。これは「我あり」が根拠となって、主観と主観とをつなぐ(inter-subjct)ことである。中期の主著に『イデーン』［考案］、後期には『ヨーロッパ諸学問の危機と超越論的現象学』がある。

　ユダヤ系であるフッサールの晩年はナチスが支配する時代であり、自らが教鞭を執っていたフライブルク大学から追放されるなどの迫害を受け、失意のうちに世を去った。しかしその膨大な遺稿はナチスによる没収・焼却（焚書）から逃れてオランダに渡り、その地で著作集が刊行された。現象学は20世紀哲学の最も大きな潮流の一つであり、祖国ドイツのみならずフランスをはじめとするヨーロッパ各地、さらには北米や日本にまで、広範な影響力を誇っている。

【論文4】
フッサールのカント時間論への批難
——超越論的統覚をめぐって——

はじめに

　ここでは、カントの説く「超越論的統覚」の解釈について、カントの構想力論がフィヒテやシェリングによっていかに歪曲されたか、という点に関連して、さしあたり代表的なカント擁護説（例として、岩城2006[37]）を踏まえて検証してみることにする。

1　カント統覚論からの逸脱

　シェリングの美的観念論で頂点に達したのが、カント批判哲学からあたかも神的な悟性を摘出しようとする行為である。本来、カントの批判哲学で俎上（そじょう）にのぼるのは、あくまで有限的な人間的悟性に限られるのであって、したがってその考察対象は、そうした「神的な悟性」の類いとは峻別されていた。『純粋理性批判』で詳細に論ぜられた超越論的統覚も、そもそも神のごとく一切を産み出すような「絶対的主体」などではありえず、第二版での改訂で「超越論的統覚」が主題化されたときですら、カントはけっして有限的な人間的経験の立場を捨てはせず、むしろ初版よりもいっそう徹底して、人間的経験の有限性を論じてさえいる。周知のように、ショーペンハウアーやハイデガーによれば第二版は「改悪」ということになり、とくに後者にとっては、第二版でのカントのそうした超越論的統覚主義ですら、ハイデガーが強く標榜する「有限的人間存在」、それからの離反と映っていたのであるから、かえってここにいう初版から一貫した、カントによる有限的な人間的経験に基づく形而上学という立場は、さらに根本的なものであることがわかる。

　それに対して、シェリングの「知的直観」としての「自己意識」の哲学は、かつてカントが斥けたはずの、まるで神のごとき自己意識としての「絶対的主体性」の哲学に接近しており、はっきりとカント哲学からの離反が認められる。では、本来のカント批判哲学からのこのような離反は、いついかなるかたちであらわれはじめたのか。カントとシェリングのあいだには、いうまでもなく、フィヒテというもう一人の巨人が聳（そび）え立っている。シェリングで確認できた、先述のようなカントからの逸脱が、既

---

[37] ここでは岩城見一『〈誤謬論〉カント『純粋理性批判』への感性論的アプローチ』（萌書房、2006年）から大きな教示を受けた。深く感謝する。

にフィヒテの知識学にも見出されるとする主張は少なからず存在する（黒積 2003、岩城 2006）。もし、そうしたシェリングと彼に先立つフィヒテの哲学に見出される「神的な自己意識」の起源が、しかしカントの超越論的統覚論にも既に見出すことができるとするならば、人間の有限性という持論をもって大胆なカント批判を遂行したハイデガーの目論見はまちがってはいなかったであろう。ハイデガーによる批判の矛先は、有限な人間的実存にとっての底知れぬ深淵、それを覗き見て慄いたカントがとった退却と、またあえて追究の手を伸ばそうとしなかったその非学究的な姿勢に、向けられている。

　しかし正しくは、そうしたハイデガーの批難はカントにではなく、もともとカントにあっては有限的であったはずの人間的自我を、曲解しつつ継承したフィヒテやシェリングにこそ向けられるべきではなかろうか。実際にカントの批判哲学そのものにまで遡ってみれば、シェリングが考えるような自己意識こそ、カントの超越論的統覚をかなり強引に改釈したものであって、そのような自己意識に基づくシェリング流の超越論的自我論は、カントの批判哲学をまったく異質の自我論へと読み替えたものであることが再確認できるのではないか。

　繰り返すが、ハイデガーはカントの第二版での改訂を批難する。ハイデガーは、第二版で新たに書き直された箇所(B129-169)において、超越論的統覚が、有限である人間が経験する際の、しかし超越論的条件として語られるのを認め、それを糾弾する。だがその箇所で実際にカントが語っているのは、むしろ人間的自我の特殊な有限性についてであって、それこそがカントの本当に訴えようとしたことなのである（岩城 2006: 129f.）。本来、このように人間の有限性の構造を推理するカントの超越論的統覚論は、哲学をいわば神学にまで高めるシェリング的な「自己意識」論とはきっぱりと峻別されねばならない。そのためには、カント説に見られるような、経験的「綜合」が、はじめて意識の「超越論的統一」を炙り出し、それが経験の「超越論的な」条件であるということ、それを明確に示すことが必要である。

・「線を引く」行為

　こうした経験と超越論的条件との切っても切れぬ関係を、例えばカントは第二版で書き改められた演繹論の第 17 節で、「線を引く」行為に即して語っている。この第17 節は、「統覚が綜合的統一のはたらきをなすという原則は、あらゆる悟性使用の最上位の原理である」という題をもっており、それはあたかもシェリングの「絶対的意識」のようなものを想起させる。しかしここで述べられているのは、自己意識の「同

一性」と「空間」という超越論的条件が、「経験」においてどのような姿をとるか、ということなのである。

　　このようにして、他の悟性使用がすべてそれに基づき、また同時に感性的直観のあらゆる条件からまったく独立した最初の純粋悟性認識は、今や統覚のなす根源的・綜合的統一という原則である。こうして、外的感性的直観のたんなる形式である空間は、まだ何ら認識ではない。空間はただ可能な認識に対して、ア・プリオリな直観の多様を与えるだけである(B137)。

その理由は、あえて「空間」のみを経験から取り出す、あるいは抽象化して抽き出す、としても、それは感性的直観に依存せず、むしろ直観の超越論的条件として、言語的推理能力（つまり理性）の次元で想定されるにすぎぬからである。そして、カントはすぐ続けて「線引き」の例を挙げる。

　　しかし、何かを空間において認識するためには、例えば線を認識するには、私は線を引かなければならない。すなわち、与えられた多様の一定の結合を綜合的になしとげねばならない。そうすればこの行為の統一は、同時に（一つの線という概念〔把握〕における）意識の統一であり、これによってはじめて客観（一定の空間）が認識される。したがって、意識のなす綜合的統一は、あらゆる認識の客観的条件であり、客観を認識する私自身、それが必要であるばかりでなく、私に対して客体〔客観〕が生じるためには、いかなる直観もこの条件に従わねばならない。なぜなら、他の方法では、そしてこの綜合を欠いては、多様は一つの意識に結合されることはなかろうからである(B137f.)。

こうしたカントの記述からは、例えば次のような解釈がなされている（岩城 2006: 130f.）。「空間」は「直観」の可能性の超越論的条件ではあれ、「線を引く」という経験的行為を通してのみ、「空間」認識は「限定された」ものとして成立する。同時にまた、意識内在的な「意識の統一」という、「客体」認識の超越論的作用も、「線を引く」という「直観」の多様の「綜合」プロセスに即してのみ、経験可能となる。「線を引く」ということ、つまり「綜合」につれて、線を引いている当の私の「同一性」、つまり「統一」が照り返されてくることになる。経験の超越論的条件としての、「意

116

識の統一」すなわち「主体の同一性」と、「空間」および「時間」とは、ともに経験に即して「特定の」「主体」、そして「特定の」「時間」「空間」として、経験的意識にあらわれてくる。

　しかしそれでも、「意識の統一」の「先構成」を前提せねば、一つの対象が一つであるという認識、すなわち、いま引いている線、あるいは引かれていく線が見えているという意識、こうした意識や認識の成立は、説明不能になる。その意味で、「統一」とは、「現象の多様」を「綜合」するとともに、「認識」成立の「超越論的条件」であると考えられねばならない。先行する統一作用が無ければ、先に線を引いた箇所と、いま引いている箇所とのつながりが失われ、「線」の認識は消えてしまう。線は点の空間的な集合の結果ではなく、時間的な継続的運動のプロセスの結果であり、線は、意識のこのプロセス的で動的な統一性に担われて成立している。線を点の集合体とみなすのは、たんにこの動的プロセスを空間的に抽象して考えているにすぎないのである[38]。

　こうした根拠について、実際にカント本人も、既に当初（初版）の演繹論第二節「経験の可能性に対するア・プリオリな可能性について」のなかの「3　概念による再認の綜合について」と題された一項において、経験に即したかたちで次のように述べていた。

　　我々が現に思惟しているものが、一瞬前に考えたものとまったく同一だという意識が無ければ、表象系列における再生(Reproduktion)はすべて無意味となるだろう。なぜなら、今の状態があるのは、新しい表象であり、それが次々に産み出したはずのはたらきにまったく属さぬことになり、この表象の多様はつねに何ら全体を構成せぬだろうからである。というのも、この多様なものは、意識のみがそれに与えうる統一を欠くことになろうからである。数を数えるときに、いま感官の前に浮かんでいる単位が、私によって互いに順次附け加えられたのだということを私が忘れるなら、私はひとつひとつこのように継続的に

---

[38]　ただし、こうしたカントの見解には重大な疑義がある。フッサールの発生的現象学から、カント流の「意識の統一」があくまで能動的なはたらきによるものであり、そのかぎりで、それがいわゆる「無限遡及」に陥らざるをえぬということが、指摘されているのである。それについての詳細と、このアポリアからのフッサールの提起する受動的綜合に基づく根本的解決については、本論文の次節「フッサールによるカント批判――その導入のために――」、および次々節「フッサール発生的現象学からのカント超越論的統覚論批判」を参照。

117

加えることによる数量が産み出されることも、それゆえ数をも認識することはないだろう。なぜなら、この数という概念は、あくまで綜合のこのような統一の意識において成り立つからである。

　概念(Begriff)という語[39]が既におのずから、いま述べたことを理解する手引きとなりうるだろう。なぜなら、多様なもの、次々に直観されるもの、そして次にまた再生されるものを、一つの表象へと合一するものこそ、この一つの意識だからである(A103)。

　この新旧両版に一貫してみられるカントの姿勢には、いわゆる「超越論的な自我」を「経験的な自我」という「現象」に対する「本質」とみなし、この本質からその現象を基礎づけようとする考え方は認められず、そうした考え方は、人間的な経験を誤解した、悪しき「形而上学」に則った考え方であり、そもそもカントの「超越論的統覚」論は、このような旧来の形而上学を破壊し、有限的な人間の、悟性の限界を問おうとするものだった。

　ところが、カント以降、フィヒテの知識学を経て、とくにシェリングにおいて、「本質」としての自我から、「現象」としての自我を、理解し説明しようとする思想が、「知的直観」の立場からなされるようになる。なぜなら、経験的に認識できぬものを本質として立てるためには、経験を超えた本質を把握する能力、つまり「知的直観」を想定せざるをえぬからである。このシェリングの知的直観論の立場では、超越論的統覚としての自我は、直観や認識の対象になるが、カントの立場では、そもそも人間はそのような知的直観の能力などもちえない。だからカントにとって、超越論的統覚の自我は、経験の必然的構成要素として想定せざるをえぬとはいえ、しかしけっして認識可能なものではない。カントは超越論的分析論において伝えようとしているのは、この二点である。

　統覚の根源的統一という原則について、カントは第二版で修正した箇所で、次のように述べている。

　　しかしこの原則はやはり、広く悟性であればどんな悟性にもあてはまる原理ではなく、たんに『私は存在する』(Ich bin)という表象における自己の純粋統

---

[39] 「概念」という語は周知のように、「捉えること」［把握すること］(Begreifen)と、深い関わりをもっている。

覚によっては、まだまったく多様なものは与えられておらぬような悟性にとっての原理にすぎない。己れの自覚によって同時に直観の多様が与えられるような悟性、自己の表象によって同時にこの表象の客体が存在するような悟性なら、多様を意識の統一へと綜合するなどという特殊なはたらきを必要とすることはないだろう。しかしこの綜合こそ、たんに思惟するのみで、直観しない人間的悟性の必要とするものである。そして人間的悟性にとって、統覚が綜合的統一のはたらきをなすという、上に述べた原則が第一原則であることはやはり不可避である。したがって人間的悟性は他になお可能な悟性については、それが自ら直観するような悟性であっても、あるいは感性的直観であるとはいえやはり空間や時間による直観とは別種の感性的直観を基礎にもつような悟性であっても、そのような悟性についてはいずれもそのいかなるものであるかを理解できない(B138f. 傍線引用者)。

　傍線を施した「己れの自覚によって同時に直観の多様が与えられるような悟性」あるいは「自己の表象によって同時にこの表象の客体が与えられるような悟性」こそ、有限な人間的悟性、すなわち「たんに思惟するのみで、直観しない人間的悟性」に対置されるべき、シェリングに見られるような、いわば「神」による「知的直観」のことなのである。カントはこれを慎重に斥けている。
　このように『純粋理性批判』では、カントが超越論的自我を、すべてを産出するような絶対的主体とは見なしていないことは明らかである。人間的自我は、けっして統覚から演繹することはできない。自我は、そのつどの経験に即してのみ、自己を認識しうる存在である。したがって、綜合すなわち経験こそが先立つのであり、自己意識の統一が先立つのではない。「私が存在する」という意識と、「我が自己を知る〔認識する〕」ということとは、次元を異にする。カントはこの差異についても語っており、そこでも強調されているのは、「思惟できる」「想定できる」ということと、「直観できる」すなわち「認識できる」ということとは同じではなく、これらのはたらきを混同してはならぬ、ということである。岩城は、カントを理解する上でこのことを忘れぬようにすべきであると戒め、次のカントの文章を引いている。少々長いが、やはりここに再録する。

　　(略)私が私自身を意識するのは、表象一般の多様の超越論的綜合において、

すなわち統覚の綜合的根源的統一においてであり、このとき私が意識するのは、私が私に対してどのように現れるかということでもなければ、私が自分自身においていかなる在り方をしているかでもなく、ただ私が存在するということだけである。この表象は、思惟のはたらき(Denken)であって、直観のはたらき(Anschauen)ではない。ところで、我々自身の認識のためには、あらゆる、生じうる直観の多様を統覚の統一にもたらす思惟のはたらき以外に、さらに直観という限定された方式が必要である。それを通して多様なものは与えられる。それゆえ、たしかに私自身の存在(Dasein)は現象ではないが（ましてやたんなる幻影ではないが）、私の存在の規定は、私が結合する多様が、内的直観のうちに与えられる特殊な方式に従って、内感の形式に合わせたかたちでしか生じえない。それゆえ私は、在るがままの私の、ではなく、たんに私自身に対して現れるがままの私の、認識をもつにすぎない。したがって、統覚における多様なものの結合によって、客体一般の思惟を生み出すすべてのカテゴリーにもかかわらず、自分自身の意識は、まだ自分自身の認識ではない。私とは異なる客体の認識のためには、客体一般を思うこと（カテゴリーにおける）以外に、私にはさらに直観が必要であり、これによって私はあの一般的概念を限定するのであり、それと同時に、私は私自身の認識のためにも、意識以外に、すなわち私が思うということ以外に、さらに私における多様なものの直観が必要である。これによって私はこの思惟を限定することになる［特定の私として姿を取る］(B158)。

　「私」の自己認識は、いつも「限定された」認識、すなわち、そのつどの経験のなかで姿を取ってくる「私」であって、これと「私は思う」(Ich denke/cogito)と言うときの「私」とは同じではない。私は私を具体的な経験の現場でそのつど「認識」するしかない。例証として、前掲箇所の「註」でのカントの次の言葉が挙げられるだろう。

　　私は思う(Ich denke)ということは、私の存在(Dasein)を規定する作用を言い表している。それゆえ私は思うと言うことによって、私の存在は既に与えられている。しかし、私の存在を私がどのように規定するかという方式、すなわち、私の存在に属する多様なもの、これを私が自分のうちでいかに設定するかという方式、これは、私は思うということによってはまだ与えられていない。この

ためには、感性的で、規定可能なものという受容性に属する、ア・プリオリに
与えられた形式、つまり時間を根柢にもつ自己直観が必要である。（略）私が表
象する〔思い浮かべる〕のは、私の思惟作用、規定作用の自発性のみである。
そして、私の現存在はつねにたんに感性的である。すなわち、私はつねに現象
の存在として規定可能である。それでもこの自発性によって、私は自分を知性
と呼べるのである(B158f. Anm.)。

　私の経験はつねに時間に担われ、時間のなかで変化してゆく。この変化のなかで、
私はそのつど私を認識する。人間の経験は、時間の外部の自我によって説明されうる
ものでも、そこに還元されうるものでもない。我々の自我は、無限に多様なものに対
して開かれている。したがって、カントの統覚論をめぐって、超越論的統覚を絶対的
自我として時間の外部に設定し、経験的自我をそこから説明したり、そこへと還元し
たりすることは、肯定否定を問わず、大きな誤解を意味している。この誤解は神学的
誤解、したがってキリスト教世界の哲学が陥りやすい誤解であると、岩城は推測して
いる。
　ところが、カントによる超越論的統覚としての自我論は、自我の基礎づけの理論ど
ころか、むしろ自我は基礎づけられぬということ、つまり自我の無規定性を明らかに
しようとする理論である。カントがこの点を超越論的分析論で繰り返し強調するのは、
超越論的統覚としての自我を、経験的自我の根拠とみなし、そこから人間の経験を説
明する思想、つまり合理的心理学を破壊・批難するためである。カントは「超越論的
弁証論」で、この書の主題である理性批判を具体的に展開するために、「超越論的感
性論」と「超越論的分析論」とを通して、人間の経験を分析し、感性と悟性との差異
を繰り返し強調した。人間の経験は、多様なものに対して、原則的には無限に開かれ
ている。だが、有限な存在としての人間は、こうした多様な世界の全体を、すべて見
通すことはけっしてできない。その意味で人間の経験世界は、大洋に浮かぶ小さな島
（「超越論的弁証論」）のようなものである。こうして、岩城の考察そのものは、彼の
主題ともいうべき、弁証論における「誤謬」について進むが、本論文では次に、カン
トの構想力および統覚についての、おそらく最もラディカルな批判ともいうべき、フ
ッサールの時間論的考察へと進路を向けたい。

2　フッサールによるカント批難——その導入のために——

　ところで、前節で挙げられたカントの「線を引く」例は、超越論的統覚の空間性に関する議論として、恰好のものではないかと思われる。そして結論から言えば、やはり空間論も、より根源的には時間論を基礎に置いている、ということが明示されている。それは例えば、この考察が空間把握の議論であるにもかかわらず、「同時に」とか「～によってはじめて」など、時間を示す要件が重大な意味を有していることにも、それがあらわれている。

　したがって、空間と時間とをめぐってカントの超越論的統覚論が逢着したアポリアの、最もラディカルな解決策としては、これから詳論する、フッサールの発生的現象学に基づく受動的綜合論からのアプローチが、大きな説得力を有するということが、ここで予示されているのではなかろうか。なぜならフッサールがカントに振るった大鉈こそ、まさに時間論に即した批判だったからである。やや傍道に逸れるが、試みに、カントのこの「線引き」の例を、フッサールの時間論に即して考察すればどうなるだろうか[40]。

　フッサールは『内的時間意識の現象学』(Husserl, *Zur Phänomenologie des inneren Zeitbewußtseins* (1893-1917), in: *Husseriana* (=Hua.), Bd. X)の「論考 Nr. 50」で、時間図式を示し、水平に伸びる横軸(Abscissenachse)に時間の「客観的持続」が構成され、それに対して垂直に伸びる縦軸(Ordinate)に「想起の持続」に構成される、とした。ただしフッサールはのちに、後者の「想起」(Erinnerung)は、「過去把持」(Retention)という概念に変換されねばならぬことを、原理的解明を通して明らかにした。この「過去把持」という概念はこの問題の解決に根本的に関わる重要な概念であるので注意せねばならない。ちなみに、時間の「客観的持続」といっても、それは、時計で測られる「客観的時間」、ヒュームやカントの場合の、自然科学が前提とする客観的時間（ニュートン物理学の「絶対時間」の影響にある）のような、現象学的還元を経る以前のものを意味するのではなく、縦軸に構成される過去把持としての内的時間持続（真の時間ともいわれる）が、横軸の系列として客観化されたもの、いわば内的時間意識に構成された内在的時間意識が客観化された「客観的」時間意識のことである。さらにここで附け加えておかねばならぬのは、次の点である。横軸上の客観的時間は、個別的主観内部で客観化された時間という意味をもつにすぎず、山口の表現を借りれば

---

[40] 以下の論述は、山口一郎『人を生かす倫理　フッサール発生的倫理学の構築』(知泉書館、2008年) から大いに教示を受けた。深く感謝する。

「自然科学で前提とされる「客観的時間」そのものの「原創設」は、フッサール現象学おいては、相互主観性における生き生きとした現在の共有、ないし、間身体性において共有され、衝動志向性を介して共体験されている共現在に起因している」。「共有される生き生きとした現在という真の意味での、相互主観性を通して基礎づけられた「客観的時間」の論証は、相互主観性の成立と同時に実現される」（山口 2008: 146）。

　さてフッサールは、この縦軸の「想起〔→後年「過去把持」に変更される。以下同じ〕の持続」に関して、「縦軸全体は、想起の持続であり、後になればなるほど、その想起は、それ以前のそのつどの諸想起を、それ自身の内に保存することになる」(X, 330)と述べている。

　この段階ではまだ「想起」であったのが、「過去把持」に変更されねばならぬ主だった理由は、第一に、「想起とは、構成された時間客観に関わる関係のみを表現するのだが、過去把持とは、意識の位相から意識の位相への志向的関係を名づけるために用いられる表現である」(X, 333)とあるように、想起の場合が「構成された時間客観に関わる関係」で、この「時間客観」は、構成（すなわちノエシス）によって構成されたもの（すなわちノエマ）であること、したがって想起とは、構成されたノエマに関わる関係としての、構成する志向性というノエシスなのであるのに対し、「過去把持」とは、ノエシスという構成する志向性とは異なる、「意識位相から次の意識位相」に関わるような志向性であり、通常のノエシス—ノエマの志向性とは根本的に異なるからである。つまり「ノエシスとしての志向性を能動的志向性と名づければ、意識位相から意識位相に関わる志向性は、ノエシス以前の受動的志向性と名づけられる」。フッサールにおいて、「過去把持の発見が受動的志向性と受動的綜合の領域の開示を可能にした」（山口 2008: 147）のである。

　したがって、先の縦軸に構成される過去把持の持続は、「それ以前の過去把持」の持続に、そのつどの原印象に直接連結する「過去把持」が重なってゆき、「それ以前の過去把持」を内に含みつつ成長していく。その経過が、かの縦軸の過去把持の志向性に描写されている。

　さて、ここからが重要である。仮に、過去把持が想起というノエシスと理解されるかぎりでは、縦軸の「想起〔本来は「過去把持」でなければならない〕の持続」の成立の適切な解明には結びつかず、事象に即さぬ構成する能作を無限にたどる「無限遡及」に陥ってしまう。

　「無限遡及」について、例えば『ベルナウ草稿』では、およそ次のように述べられ

ている。現象学的時間のなかにあらわれる感性的契機が、時間のなかにあらわれるために統握(Auffassung)を必要とするのであれば、その統握作用はそれ自身また時間に先行することとなってしまい、その統握作用が時間のなかに登場するためにさらなる統握作用が要求され、こうして無限の遡及に陥る。このような無限遡及が生じる原因は、時間の根源に端的な同一性を想定し、その同一性がいかにして時間的な変容をこうむるのか、という手順で問題を立てることにある。しかし時間の根源は初めから差異化の運動であると考えることで、こうした無限遡及は回避される。実際フッサールもそのように捉え、与件が徐々に差異化されつつあり、あらわれつつあるという事態が「触発」と呼ばれているのである。

　さて、先の「線引き」の例が、こうした無限遡及に陥るおそれがあるということについて、例えば次のようにフッサールが検証する「音の持続」を手がかりに考察してみよう。

　　　私は、流れの運動の想起、すなわち、絶えず新たな今の立ち現れと、ｔ０から縦軸の持続を生む発展についての想起をももつのだろうか。ここで無限遡及に陥らないだろうか。音の持続の意識をもつために、想起の（縦軸の）持続の継続の意識をもたねばならない。となれば、この想起の持続の継続の意識をもつために、繰り返し、二番目の図を描かねばならず、それを無限に繰り返さねばならないのではないか(X, 332)。

フッサールによれば、特定の音の持続をもつために、それぞれの今に与えられるその音の継続が与えられるだけでなく、縦軸の想起の持続が確保されないと、音の持続の持続という統一が意識されない。人は、一定の音が持続として聞こえるとき、そのつどの同じ音が与えられることだけでなく、この音が続いているという「持続の意識」をももっている。

　　　或るまとまった（持続する経過ないし客観に属する）流れが経過したとき、私はそれを振り返り、その流れが、想起〔→過去把持〕においてある統一を形成しているかのようにみえる。したがって明らかに、意識において、意識の流れもまたそのなかに統一として構成されている。この流れのなかには、例えば音の持続の統一として構成され、この流れそのものも、音の持続の意識の統一

として構成されている。とすると、我々は、ふたたび、この流れの統一が、類比的なありかたで構成されており、同様に構成された時間の系列、時間の今、以前、以後について語らねばならないだろうか(X, 80)。

　音が流れ、その音の持続が過去把持の持続として統一されていると意識されるとき、それを振り返ってみて、その持続が統一されて意識されていたことに気づく（意識する）ことができる。とすれば、その振り返ったときの意識は、再度、三重に過去把持された音と、二重に過去把持された音と、いま聞こえた音との順に、想起することによってその持続の統一の意識が成立していることになる。「想起」による「振り返り」では、無限の遡及が必要になってくる、とフッサールは指摘する。

　しかし、音の持続を聞くとき、まさにその持続を一度聞いているだけであり、聞こえてくる音を繰り返し想起して、まとめつつ聞いているといったようには、意識には与えられていない。とすれば、音そのものの持続は疑いきれぬから、理論的な不具合があるのは、持続を持続としているとされる「想起」と想定された意識のありかたであることがわかる。

　フッサールはこの難問を解決するにあたり、図でもって説明しているが(X, 331)、ここはそれを次のように整理しよう。時間の移行により、先に縦軸と名づけた想起の系列が、形成され、同時に、縦軸には、内属的に(ineineander)移行する。しかしこのことはまさに、移行そのものが、想起の変様の移行なのである。

　　　意識の流れとは、たしかにそれ自身、また、連続することなのだが、流れそのものが、連続の意識の可能性の条件を充たしている (X, 332)。

このことは、縦軸の継続につれ、以前の想起の持続に新たな想起の持続が内属的に入り混じりながら重なっていき、しかも、そのような想起の変様の持続が生じるのに、そのような想起の変様以外の条件を必要としない、ということを意味する。つまり、「想起」（＝過去把持）は、おのずと自分の内部で変様していくのである。したがって、過去把持の持続の条件とは、過去把持そのものにほかならない。

　これは、カントの場合の経験の「可能性の条件」という意味での超越論的制約としての条件を、過去把持そのものがもつ、つまり、過去把持はそのような超越論的条件としての規則性である、ということを意味する。いうまでもなく、過去把持は、内面

125

に与えられる心理学的事実ではけっしてなく、持続を持続としている超越論的条件で
あり、超越論的基礎規制という特性をもつ。この想起の連続の意識の説明のためには、
先の無限遡及のような誤りとは異なり、この意識の構成の条件をさらに作図する必要
はないのである。

　　感覚に、第一次の想起（＝過去把持）が、ある新たなものとして結びつかなけ
　ればならないのは、感覚の意識が失われてしまわないためであり、感覚内容と時
　間的対象の持続、感覚の変化（実在的変化）が構成されうるためである。しかし、
　それに対して、想起（＝過去把持）の流れに関しては、新たに生じてくる想起（＝
　過去把持）に結びつかなければならない何ものもない。というのも、想起（＝過
　去把持）は、想起（＝過去把持）それ自身のうちに、それ以前の想起（＝過去把
　持）の"想起（＝過去把持）"を含蓄(impliziert)しているからである (X, 332f.)。

　山口によると、この文章ではじめて「過去把持」という概念が使用される。それは
想起（＝過去把持）の「自己含蓄する特性」を的確に表現するためである。想起の変
様が自己変様であり、含蓄化することが、想起が自己を条件にするというときの働き
かたであり、それを「過去把持」と呼ぶ、という（ここには、「含蓄化された志向性」
という、のちの「歴史性と具体性」が内属しているモナド概念の展開における決定的
要因であるモナドの「歴史性」の解明にとって、その歴史性をテーマにする発生的現
象学の解明のための核となる概念の由来が、過去把持の概念の導入とともに記されて
いる）。以前の過去把持がいかなる他の意識の能作をも条件とすることもなく、変様
が生じ、過去把持の変様の持続が成立することこそ、過去把持というはたらきの本質
である。
　このことは、同書『内的時間意識の現象学』本文第11節で「それが、単純な無限
後退に導くことにならないのは、すべての過去把持は、それ自身の内における持続的
な様相化なのであり、この様相化は、射映(Abschatten)の系列の形式において、過去
の遺産(Erbe)をうちに担っているからである」(X, 29)と述べられている。意識作用す
なわちノエシスが音の感覚素材を活性化し、とりまとめ、構成して、対象知覚として
の音の持続が意識内容すなわちノエマとして構成される、というのではなく、感覚内
容としての音の持続は、過去把持といわれる自己含蓄化、自己変様を通して、自己生
成してくる。「原意識と諸過去把持がそこにあるから、反省において構成された体験

126

と構成する位相を見やる可能性がある」(X, 119f.)というのは、まさにこの自己生成している過去把持されたものが、ノエシスが活性化して構成する以前に、「先構成」されたものとしてそこにある、ということを意味する。

　また、同書の本文第 39 節でも、次のように述べられる。この無限後退の解決が、「唯一の意識流が存在し、そのなかで、音の内在的な時間的統一が構成され、同時に、意識流そのものが構成される」。「意識流がそれ自身の統一をも構成するということは、ひじょうに驚くべきことのようにも思われるだろうが、しかし実際はそのとおりなのである」(X, 80)。つまり過去把持が、そのつど、以前の過去把持を含蓄しつつ、過去把持しているということは、意識流の自己構成の内実を意味する。だからフッサールによれば、「絶対的意識流とは、過去把持の流れにほかならない」のである (山口 2008: 153)。

　ただし、フッサールの立場は必ずしも安定はしていない。1909 年『内的時間意識の現象学』補稿 Nr. 51 で「現在において生き生きとして自己所与性へともたらしている作用である過去把持」(X, 344)と記しているように、再三にわたり「作用」の見解に舞い戻っている。『内的時間意識の現象学』で、それなりの一貫した基本的見解のまとまりを見せている (1911 年の Nr. 53, 54 に見られるように、ふたたび Nr. 50 で露呈された決定的見解に戻り、同書の本文第 39 節で活用されている「過去把持の二重の志向性」という見解が展開されるなど) にもかかわらず、再度意識作用の見解に立ち返り、無限遡及に陥るという思考パターンが、『ベルナウ草稿』でも繰り返され、1930 年代のＣ草稿にさえ、影を落としている、という (山口 2008: 154)。

　しかし、フッサールその人の思想遍歴についてはこれ以上の検証は慎むとして、先の課題であった、カントの「線引き」の例が、フッサールによってはっきりと斥けられた「想起」という能動的地平におけるものであり、「過去把持」によって拓かれる受動的地平を望むには至っていない、ということが確認できた。前述したように、線を引くという空間的な行為において、その行為の統一が、つねに同時に超越論的統覚という意識の統一、つまり一つの線を把握すること(Begreifen; Begriff)によって保証されるのであれば、こうした意識的・能動的作用すなわちノエシス構成では、いま見たように、事象に即さない能作を、ただひたすら無限に遡及していくという事態に陥らざるをえない。

　しかし、前述した「音」の例を視覚上の点 (幾何学におけるイデアとしての点ではなく、実際に記し、見て確認できる点) に置き換えてみるならば、カントの捉えた視

127

覚的な「点」が過去の痕跡と絶えず関わりつつ「線」をなしていくという時間の「客観的持続」が、さきほどフッサールによって解明された「過去把持の持続」によって、まったく別のかたちへと捉え直されて、こうして無限遡及の困難さが、たしかに解消されることとなる。前述のようにカントは「意識のなす綜合的統一」をさしおいて、「他の方法では、そしてこの綜合を欠いては、多様は一つの意識に結合されることはなかろう」(B138)と述べているが、過去把持の発見によってフッサールが切り拓いた受動的志向性と受動的綜合の領域において、はじめて証明されるのである。

　それではいよいよ次節で、フッサールによるカントの統覚論批判について、より詳細に検証してみることにする。

3　フッサール発生的現象学からのカント超越論的統覚論批判

　フッサールの現象学、それもとりわけて、後期の発生的現象学の観点から、カントの超越論的構想力、さらには超越論的統覚の再検証について寄与することができる。この章はそのための試みに充てられる。まず、両者を比較検討するうえでの前提を定める。次に、フッサールの「受動的綜合」論から、カントの超越論的統覚論の問題点を指摘する。その際、ハイデガーのカント論が批判対象として採りあげられる。フッサールとハイデガーという師弟が、カントについてどれだけ異なった見解を示していたかということが、間接的にカント統覚論の問題点を浮かび上がらせることとなるであろう。

3Ａ　前提　「統覚」概念の系譜[41]

　カントの「統覚」理解の背景には、それに先立つライプニッツの統覚理論が影響していた、とされている。そもそも「統覚」(ap[p]erception)とは、ラテン語の ad-percipere、すなわち「附加的要素を伴う知覚」に由来し、ライプニッツでは、この附加的要素とは「反省的契機」にほかならない。例えば、ライプニッツ『人間知性新論』(G. W. Leibniz, *Nouveaux essays sur l'entendement humain*, Chapitre IX, § 1, 4)では、たんなる知覚と反省とが区別されるだけではなく、我々がそれに知づかぬ「微小知覚」と、意識された知覚とが区別され、さらにその区別が、動物には無い、人間特有の「反省的意識」であるとされる。さらに、晩年の『理性に基づく自然と恩恵の原理』「四」でも、「知覚

---

[41] この項をまとめるにあたり、宮原勇「現象学の中のカント——二つの「統覚」概念——」（竹市明弘／坂部恵／有福孝岳編『カント哲学の現在』世界思想社（『哲学の現在6』1993 年に所収））を大いに参考にした。深く感謝する。

すなわち外界の事物を表象するモナドの内的状態と、意識化された知覚すなわち意識（l'appreception）、あるいは内部状態についての反省的意識とを、区別すべきである」（邦訳『ライプニッツ著作集 9 後期哲学』工作舎、1989 年に所収）といわれる。そしてさらに、前者は動物でももちうるが、後者は人間のみのものであり、ゆえに人間は自我や精神をもつのである、とされている。

　さて、フッサールは自らの「超越論的」現象学でもって、カント以来の超越論的哲学の系譜上に立ち、しかもその完成態であると自任した。このことは、フッサールによる、カント「統覚」概念の批判的摂取においても明らかである。フッサールは、カントの「超越論的統覚」(die transzendentale Apperzeption)を、フッサール現象学固有の意味、すなわち「意味附与の主体である超越論的主観」へと改変していった。その経緯とはおよそ次とおりである。

　カントは意識を自己関係の構造においてとらえる。したがって、カントにとって統覚とは、周知のように、「私は考える」［我思う］(Ich denke)という純粋な自己意識にほかならない。一方、フッサールは意識を志向的構造においてとらえる。したがって、フッサールにとっての統覚とは、「志向的意識作用」そのものであり、あくまでも対象構成契機がその中核をなすこととなる。これは、フッサール現象学での根本原理である「志向性」が、「対象を或る『意味』においてもつこと」であり、そうした志向的な意識作用は、意味附与という契機を核とする、ということに由来する。

　先述したように、そもそも「統覚」(Apperzeption)とは、字義どおりには「附加的要素を伴う知覚」(ad[ap]-perceptio)のことである。カントとフッサールは、この「統覚」という語を共有しはするものの、カントでのそれは「自己意識」であり、その「附加的要素」とは「自己関係の構造」をあらわしているのに対し、フッサール現象学においては、「附加的要素を伴う知覚」である「統覚」、すなわち意味附与の主体が、「対象構成の主体」たる「超越論的意識」である、ということが重要なのである。そして、これも先述したように、フッサール現象学における志向的意識作用が、この「意味附与」という契機を核としていることから、フッサールの「超越論的意識」としての「統覚」とは、つまり「解釈」にほかならない、ということが重要なのである（宮原 1993、参照）。

　こうしたフッサールにみられる「解釈」としての「統覚」、あるいは「統握」(Auffassung)という概念は、以下のような歴史的背景からも理解できる。こうした「解釈」「統覚」「統握」概念は、ジェイムズが指摘しているように、直接的にはヘルバル

129

ト以来のものとされている。そのジェイムズは、著書『心理学の原理』のなかで、「外から入ってくる観念や感覚は、既に精神のうちに或る観念の『集合』によって『統覚』される」(W. James, *The Principles of Psychology*, Vol. 2, p. 107)と述べている。この過程は、「解釈」、「概念化」、「同化」、「制作」などと呼ばれる。ジェイムズによれば、統覚とは経験論における「連合」のことである。ちなみに、ヘルバルトの統覚とは、そのつど新たに精神のうちに入ってくる与件を加工する手段、すなわち、既に精神のうちにストックされており、感覚的与件を組織化する「概念的枠組み」の集合のことである。ここから連合主義を取り除けば、フッサールの「統覚」、すなわち、或る種の「解釈」とみなされうるような「意味附与的」の過程となる。これは、意味をもたぬ感覚内容に、はじめて一つの意味を附与するという、認識主観の能動的はたらきであり、換言すれば「解釈」にほかならぬのである。

フッサールは既に現象学の最初期である『論理学研究』 (*Logische Untersuchungen*, Bd. I, 1900ff.)から、「統覚」という概念に、「解釈」(Interpretation あるいは Deutung)という語を用いている。ただしそれは、当時の用語法に従ってのことであり、カントの場合での自己意識にみられるような、自己関係的構造はまったく含まれていない。フッサールでは、知覚をも含めた意識を一般に統覚として捉え、しかもそれを、「意味」を附与するはたらきと解する。したがって、両者の違いは、カントの場合が「自己意識としての統覚」であり、フッサールの場合が「解釈としての統覚」であるということだといえる。

例えば『論理的研究』第二巻には、「知覚には、そのうちで何ものかが現象することが属しており、そして我々が現出作用と呼んでいるものを形成するのが統握(Auffassung)である」(L. U. II/2, S. 233)、という記述がある。ここで「統握」とあるのは第二版(1921)でのことであり、後述する、この時期の用法に従った変更である。すなわちこの語は、もともと初版(1901)では「解釈」(Interpretation)となっていた(宮原1993、参照)。

『考案』第一巻(*Ideen zu einer reinen Phänomenologie und phänomenologischen Philosophie*,Bd. I, 1913)の時期になると、「解釈」(Deutung/Interpretation)という用語は、「統握」「統覚」に取って代わられるが、当初はフッサールも「感性的なものの組織化」の過程に、テキスト解釈に比せられるような構造を読み込んでいた。この時期以降、「解釈」から「統握」への改訂がなされるものの、「統握の意味」(Auffassungssinn)からも分かるように、「統握」には、意味を「とらえる」あるいは「附与する」とい

う含意が認められる。ただしフッサールの場合、「知覚」はあくまでも直接性という特性をもつものであり、「現実的なものについての、生き生きとはたらく経験」である。すなわち、対象の端的な把握、フッサールの用語での「現前化」(Gegenwärtigen あるいは Präsentation)である。それに対して「解釈」とは、附帯的要素を伴った対象把握であって、間接的な現前化、あるいは附帯的現前化(Appräsentation)である。このように、知覚と解釈とは本来その作用性格が異なり、知覚を或る種の解釈とみなす場合、その「解釈」という語は比喩的に用いられたものである。

『受動的綜合の分析』講義(1920/1921)では、意識に内在している感覚与件が、客観的であり、意識にとって「超越的」である対象を呈示させるには、その与件に「魂を吹き込む」契機が必要であるとして、そのような意識のはたらきを「超越論的統覚としての統握」と呼んでいる。しかし、フッサールはそれに続けて、「その際に、表象するものと表象されるものとか、感覚与件の解釈(Deutung)とか、こうした『解釈』より内在的領域から超え出ていく機能とかいうのは危険である」(*Analysen zur passive Synthesis*, in: *Husserliana* (=Hua.), Bd. XI, S. 17)と述べている。なぜならば、ヒュレーとしての感覚与件を統一的に把握し、超越論（超越論的ではなく）対象を呈示する機能を可能にすることは、言語表現の意味解釈あるいは記号解釈とはまったく別のはたらきだからである。端的にいえば、知覚と、言語表現の意味解釈とは、明確に区別されねばならぬ、ということである（宮原 1993、参照）。

３B　フッサールのカント統覚論批判

さてこのような前提から、フッサールの観点から、カントの超越論的構想力、さらには超越論的統覚を再検証するうえで、どのような寄与が望めるであろうか。

「触発」(Affektion)は、フッサール現象学においてはきわめて重要な概念である。フッサールによるとそれは、連合すなわち超越論的規則性が解明されている受動的綜合の領野においてはたらく、とされる。フッサールにとってこの受動的綜合を分析することは、カントの超越論的構想力における産出的〔生産的〕的構想力(produktive Einbildungskraft)を分析することに相当するといってよい。それはおよそ次のような次第である。

カントは、感性に与えられる多様性に、対象の統一を与えうる概念を適用するための媒体機能を「超越論的構想力」とみなした。超越論的構想力は、産出的〔生産的〕(produktiv)構想力と、再生的(reproduktiv)構想力とに二分される。そしてとくに前者は、フッサールのいう「生き生きとした現在」においてはたらく、と考えてよい。

131

カント批判を試みるフッサールおよびハイデガーによると、カントの認識論は、産出的構想力の領域について、それを示唆することはできたものの、その本質を開示ないし解明するには至らなかった。したがってここから、フッサールおよびハイデガーによる、カント批難がなされることとなる。しかし、同じカント批判とはいえ、フッサールとハイデガーとでは、見解に大きな隔たりがある。ハイデガーによるカント批判は、本質的なところで、フッサールによって無効化されてしまう。ここではこの問題について、まずハイデガーによるカント批判を検証し、次にフッサールの立場から、ハイデガーのカント批判の難点と、さらにはカント統覚論そのものの難点につき、それぞれ明らかにしていきたい。

3C　超越論的統覚をめぐる、カント、ハイデガー、そしてフッサール

まずハイデガーのカント構想力理解について確認する。周知のように、カント『純粋理性批判』のいわゆる「純粋悟性概念の超越論的演繹論」において、初版では心理学的論述が試みられているのに対し、第二版ではカテゴリー主体の論述がおこなわれている、という多くの指摘がなされてきた。ハイデガーは講義録『カントの純粋理性批判の現象学的解釈』（1927/1928 年マールブルク冬学期）およびそれに続く著書『カントと形而上学の問題』（1929 年）で、初版での論述を現象学的に解釈することを通して、「超時間的」であるとされるカテゴリーと超越論的統覚とを、時間化の視点から、存在論的な認識の可能性に関わる問題圏において解明した。

このようにカント哲学を理解するにあたり、ハイデガーは初版の演繹論の「経験の可能性のためのア・プリオリな根拠について」で述べられている構想力の三つの綜合、すなわち「握取」〔覚知〕(Apprehension)、「再生」(Reproduktion)、「再認」(Recognition)という三つの超越論的綜合を解釈するに際して、その統一的把握を主張しつつ、最終的には、概念による「再認」に力点を置き、その本質を「予認」(Präkognition)とみなすことで、現存在の「自由」「決断」という観点から、未来を中心にした時間解釈・構想力解釈を展開している。

すなわちハイデガーによると、カントにとっての再認とは、時間から離れた悟性の自発性に依拠するカテゴリーによる、概念のうちでの綜合であって、この再認をハイデガーは、そこにはたらく「同一化」(Identifizierung)に注目して、この同一化にみられる先取りとしての、未来という時間の契機に関係づけられた「予-認」(Prä-cognition)として理解している。

これこそがハイデガーの独自性であって、すなわち彼は、自我の同一性のはたらき

をもつ超越論的統覚に関してのカントの立場を容認したまま、「再生産的」(reproduktive)構想力の機能である、対象把握に向けての再認を中軸にした解釈を展開しているというわけである[42]。

　一方、フッサールの見解はこのようなハイデガーのそれとは根本的に異なり、自我の超越論的統覚を形而上学的な残余として斥け、自我のはたらきに先行して、自我の対向を誘う先触発的な意味の統合を主張する。それは、受動的綜合、すなわち、論理の発生を問う超越論的論理学の領域において、「先述定的経験の明証性」(Vgl. Husserl, Hua. Bd. XVII, S. 216ff.)に準じた現象学的分析に基づいている。この領域をフッサールは、1920 年代初頭に、超越論的統覚では問題にすることのできぬ超越論的事実性が、本質的規則性としてかえって超越論的統覚の自我を包括する、という問題として自覚してきたことと並行して、分析していった。形式的な一般規則としての超越論的規則は、いまだ「事実的でヒュレー〔質料〕的所与の連関的一致」、すなわち「全主観を包括するようなものの連関秩序」に対応しうる規則性ではない。ヒュレー的所与に関わる超越論的事実性が問題とされる領域では、受動的発生の規則が他の方向に即して考量されねばならず、それはまったく異なった超越論的ア・プリオリと名づけられる。超越論的統覚と並んで、「なお、或る一般的な、事実性の包括的秩序を受け容れねばならない」(Hua. XIV, S. 291)。この受動的発生という先述定的経験の領域にはたらく受動的綜合は、産出的〔生産的〕構想力のはたらく生き生きとした現在においてはたらいており、この生き生きとした現在の過去の契機である過去把持変様の経過が微細に分析されるなかで明らかにされるものである。

　しかし、ハイデガーが自身の考察の中心に据えた再認が、通常の能動的志向性に属するということは明らかである。したがってハイデガーは、過去把持の解明からはじ

---

[42] ここでの「同一化」について詳述すれば、ハイデガーは超越論的構想力の解釈にあたり、時間と論理的非時間性との関係について問う。そして後者の事例として、論理原則としての矛盾律における同一化を問題とし、時間の自己触発の解釈に向かう(Vgl. Heidegger, *Kant und das Problem der Metaphysik*, in: GA3, S. 177)。すなわち、矛盾律の非時間性は、「先形像」すなわち再認が中心に置かれるなかで、同一化において時間との接点をもつ。したがって、時間的に理解された超越論的統覚の自我において、最終的な根拠が与えられることになる。ハイデガーはカントと同様に、超越論的構想力が自我の超越論的統覚に依拠するという立場にはある。しかしもちろんハイデガーも、カントの非時間的な超越論的統覚をそのまま受容してはおらず、カントがその非時間性を時間と分離して考えているかぎりで批難し、それに対して超越論的統覚の時間化を強調してはいる。ハイデガーは、カントがはっきりと示せなかった超越論的統覚と時間化の存在論的連関を、「超越や、あるいは時間と「私は思う」(Ich denke)とのあいだの根本的な関わり合い」にみている(Vgl. Heidegger, *Phänomenologische Interpretation der Kants Kritik der reinen Vernunft*, in: GA25)。

まる受動的志向性についてのフッサールの見解には至っていないということになる。

　ハイデガーに対してフッサールは、あくまで生き生きとした現在を中心として、「概念」すなわち「悟性による「予認」ではなく、「握取」としてはたらく産出的「構想力」を開示しようとする。これはフッサール『受動的綜合の分析』の意図であり、この点にこそ、「受動的綜合」としての「触発」の独自性がある、とフッサールは考えるのである。そしてそれは、カント構想力の根柢にある「自我の超越論的統覚」という形而上学的前提と対比されることによって、その独自性がいっそう明確になる。すなわち、受動的綜合としての触発は、いかなる自我のはたらきの関与も俟たずに、自我の同一性のはたらきに先行してはたらくという特性をもつことになる。

　ここであらためて、ハイデガーが統覚をこのように理解したことの根拠について検証する。ハイデガーはカントにおける超越論的構想力の解釈にあたり、時間と論理的非時間性との関係について問う。そして後者の事例として、論理原則としての矛盾律における同一化を問題とし、時間の自己触発の解釈に向かう(Vgl. Heidegger, *Kant und das Problem der Metaphysik*, in: GA3, S. 177)。すなわち、矛盾律の非時間性は、「先形像」すなわち再認が中心に置かれるなかで、同一化において時間との接点をもつ。したがって、時間的に理解された超越論的統覚の自我において、最終的な根拠が与えられることになる。ハイデガーはカント同様に、超越論的構想力が自我の超越論的統覚に依拠するという立場にある。もちろんハイデガーも、カントの非時間的な超越論的統覚をそのまま受容してはおらず、カントがその非時間性を、時間と分離して考えているかぎりで批難し、超越論的統覚の時間化を強調してはいる。ハイデガーは、カントがはっきりと示せなかった超越論的統覚と時間化の存在論的な連関を、「超越や、あるいは時間と『私は思う』(Ich denke)とのあいだの根本的な関わり合い」にみている(Vgl. Heidegger, *Phänomenologische Interpretation der Kants Kritik der reinen Vernunft*, in: GA25)。

　そもそも、フッサールが受動的志向性の必然的存在を露呈しえたのは、「特有な志向性」としての「過去把持」(Retention)に遭遇しえたことによる。時間と「私は思う」とを同一のことであるとするハイデガーの主張は、この意味において、フッサールの時間論とは両立しない。すなわちフッサール時間論では、絶対的時間流と過去把持が同時に露呈され、絶対的時間意識の自己構成という逆説（すなわち、構成することと構成されたものとが一つである、という）が、過去把持の縦と横の志向性の同時的展開によって解明される際、この自己構成には、いかなるかたちでも自我の活動は関与

していないことが次第に明確になってきた。つまり、「私は思う」ということ無しに、時間は自己構成をしているのである。そしてこの時間の自己構成という逆説と、受動的綜合としての触発とは密接に連関している。

　それでは、ハイデガーはどうして過去把持の理解に至りえなかったのか。カントがその構想力の分析において、フッサールの過去把持の問題領域に近づいているのは、「流れ去る今の、今としての保持」の現象の指摘においてである。ハイデガーはそれを解釈して、このはたらきとは、既存する「今連続」を各々の「現実的今」として、そのつど統合するというはたらき、つまり純粋な再生的綜合であって、そのうちで過去としての時間が、現在としてではなく、直接にそれ自身として、過去として現に呈示されるのであるとする(Vgl. Heidegger, GA25)。すなわちハイデガーにおいては、「握取」(Apprehension)それ自体は「再生」(Reproduktion)無くしては不可能であって、直接的、直観的に与えられたものを「摑み取る」〔握取する〕(apprehensio)はたらきのうちには、「今」という瞬間的局面から、その次の「もはや今ではない」へと必然的に流れ去って行くもの、今まさに流れ去ろうとしているものに、そのつど既に「摑みかかり」、「遡握」(Zurückgreifen)する流れが含まれている。

　ここでは「保持」という機能が指摘されてはいるものの、しかしそれはフッサールの過去把持の特有な志向性という把握とは異なり、自由に再現しうる「自由で恒常的な遡握するはたらき」、すなわちフッサールから見れば能動的な志向性として理解されているのである。しかし、まさにこのような、能動的志向性という意識作用が意識内容を構成するというのでは、過去把持を理解することはできない。フッサールが十年以上探究した「持続」という時間意識の分析が帰着したのは、特有な志向性つまり受動的志向性でなければならない、ということであったが、ハイデガーはこの論点に至ることはなく、ハイデガーの論及は、フッサールの言葉に即して言えば、原印象の今と、生き生きとした現在の過去の契機を可能にしている過去把持との不可分離性に言及してはいても、過去把持の特有な志向性の指摘には至らず、対象の概念把握を基盤とする対象認識の可能性という、カントの産出的構想力の枠内での考察にとどまっているのである。

　ハイデガーにおいて、この過去把持の特有な志向性の性格が把握されていないということは、さらに、「再認」との関係で確認できる「再生」の綜合、すなわち「保持」のはたらきは、「再認」の綜合無しには不可能であるという規定によって、フッサールが標榜する、過去把持が受動性として能動性を基づけているという原理的関係を否

135

定することとなる。換言すれば、自発的な概念把握の機能である能動性のはたらきが無くては受動性としての過去把持が作動できないというハイデガーの主張は、フッサールが主張する、受動性が能動性を基づけるという基礎原理に真っ向から対立するのである。

したがって、ハイデガーがなぜこの過去把持の理解に達しなかったかといえば、ハイデガーが「保持」を「遡源」として誤解してしまったことに加え、「再認」の本質的機能を「同一視(Identifizierung)作用」に置いていること(Vgl. Heidegger, GA25)が挙げられる。この同一視作用は「予-認」とされ、この予認こそ構想力の三つの綜合のうちでの第一次的な機能として、「予認の綜合という第三の綜合が第一次的なものであり、他の二つの綜合に先立つ秩序を与えられたものである」として、理解されているのである。さらにこの予認は、その予認の根柢にはたらく自己同一視である超越論的統覚によって統一され、結びつけられることにより、統覚の自己の主張につながる。この統覚の自己は、「存立し留まる自己」(stehendes und bleibendes Selbst)として、「超越論的統覚の『私は思う』」でなければならず、この統覚は、ハイデガーの言う現存在(Dasein)の能力として、「主観性の領野のなかでは、自由が主観の存在の様式を第一次的に規定しており、そしてこの存在の様式は『私はできる』によって性格づけられており、こうした領野のなかでの能力、すなわち可能性は、現実性より高いものである。ここで実存を構成しているのは、現実性ではなく、『私は為しうる』としての『私はできる』である」と理解されるのである。

すなわちハイデガーの構想力の解釈は、現存在の能力である、実存の自由に方向づけられており、この解釈は、超越論的統覚の自己に関係づけて、超越論的統覚と「将来―現在―過去」のまとまりという時間との関係を、「自己は実存するものとして自己を同一視できねばならない。自己は関係性に向かっての決意と、あらゆる具体的な瞬間において過去に義務づけられているということとの統一性のうちで、己れを同一の将来的‐既存的なものとして理解できるのでなければならない」とする言表(Heidegger, GA25)にも明確に記述されている。

ハイデガーはこのように、予認のはたらきについて、将来という時間の観点から時間構成を理解し、統覚の自己を通しての現存在の決意を基軸として構想力を把握しており、そうした把握に基づいて、カントの構想力の記述から、時間の自己触発という見解を摘出している。時間の自己触発とは、「時間は、何かを対象とさせることの内的可能性に属する。時間は、純粋な自己触発として根源的に有限的な自己性を、自己

が自己意識でありうるように提示している」(Op. Cit., S. 172)とあるように、時間を対象認識の可能性の問題として捉えるとき、時間の自己触発と統覚の自我の自己触発とは同一のことを意味しているのである。

したがって、時間の自己触発といっても、ハイデガーにおける現存在の自由と決断による自己触発と、フッサールにおける受動的志向性による先触発を前提にする自己触発とは、まったく内実を異にしており、ハイデガーの言う衝動や配慮などの現存在の規定性は、自我の同一性とその活動を当然ながら前提していることが確認されねばならず、それは受動的志向性の観点による衝動や本能の捉え方とは異なっているのである。

むすび

以上、主に統覚の概念をめぐって、カント自身の統覚論にも、またハイデガーによるカント統覚論批判にも、本質的な難点が存在することが確認された。目下のところ、このような難点を解消するうえで最も説得力のある提案は、フッサールの受動的綜合の立場からのアプローチであると考えてよいだろう。この結論は、カントのみならず、本論文が主題とする哲学的構想力の根柢に流れる自我観を見直すに際して、小さくない意味を有しているといってよい。

20　ハイデガー

```
概要
　一　思想的経歴
　二　『存在と時間』
　三　実存思想の先駆
```

Martin Heidegger, 1889-1976

一　思想的経歴

　ハイデガー(1889-1976)はしばしばヴィトゲンシュタインとともに20世紀最大の哲学者と呼ばれることが多い。彼の哲学者としての源泉はフッサール現象学から本格的に始まり、それをディルタイ解釈学と結びつけ、「存在の意味への問い」を主題とする「現象学的解釈学」を標榜した。また、キリスト教の出自としてはカトリックであったが、最初の赴任地であったマールブルク大学で隆盛していたプロテスタント神学（ブルトマンら）との交わりを通じて、自らもプロテスタントへと転向した。
　もともと古代哲学の担当教授として採用されるという話もあったほど、彼はアリストテレスなど古代ギリシャ哲学や、さらには中世神学にも深い造詣を有していた。とりわけアリストテレス哲学からの影響は甚大なものがある。
　またハイデガーの芸術論（ゴッホの描いた農婦の履き古された靴についての本質的な議論を含む『芸術作品の根源』など）も20世紀で最も重要な美学の一つと目されている。ハイデガーは存在論的美学を展開し、「大地性」をキーワードとしている。

師フッサールの助手も務め、そのフッサールの後任としてフライブルク大学教授となり、後に第二次大戦中は短期間ではあるが同大総長ともなって、ナチスに入党した咎により、戦後は公職追放の憂き目に遭っている。しかし後に復職し、またその大きな影響を受けた数多い弟子らによってハイデガー哲学は世界的な思潮として今日まで展開され続けている。

二 『存在と時間』

ハイデガーの主著『存在と時間』は、20世紀最大の哲学書といわれる 。いくつかのキーワードは以下のとおりである。

・「基礎的存在論」

ハイデガーは従来の存在論はすべて、「存在するもの」［存在者］を論じてきたにすぎぬとする。それに対して彼は、「存在するもの」ではなく「存在」そのものを問う。

・「現存在」、「世界内存在」、「ひと」

我々が「存在」を理解し、解釈しているのは「時間」である（そこに『存在と時間』という書名の由来がある）。その際、我々はたんに「現存在」であるにすぎない。ハイデガーの「存在への問い」はこの「現存在」、すなわち存在［ある］を「私は～である」というかたちで漠然としてではあれ了解しているという我々自身［人間］の在り方を、分析することによって始められる。

また、我々がこの世界の内に住まうということ、その素朴な在り方は「世界内存在」と表現される。現存在が世界内存在であることで、世界は現存在にとって親しい存在、すなわち「手元にある存在」となる。現存在は他の存在者と「気遣い」において関わり合うことで、存在了解を行なってはいる。しかしそれでも我々はたんに日常性の主体、つまり「ひと」［世人］であるにすぎず、むしろそれは頽落した在り方である。

三 実存思想の先駆

では、これらのキーワードの基本的な理解をもとに、ハイデガー『存在と時間』の主要な論点について、実存思想に関連づけて概観しよう。

ハイデガー『存在と時間』は、基礎的存在論から発し、死と良心について存在論的に問うことによって、実存思想の先駆として、二つの世界大戦間において、既成の哲学に飽き足らない想いを抱いていた知的な若い世代から熱狂的に迎えられた（同時代の哲学者でハイデガーとも個人的に親しく交わっていたヤスパースは、世間によるハ

139

イデガーのこうした熱烈的な受容を、批判的な視点から、1790 年代後半にロマン派
の若者らを中心に一世を風靡したフィヒテの知識学に喩えている）。

・**『存在と時間』における実存思想**

　現存在は世界の内にあり、気分的に規定され、何らかの気分とともに存在している。
すなわち存在論的にいえば、何らかの「情態性」の内にある。しかし現存在は、自ら
の存在を選びとったわけではなく、気づいたときに、ただ根拠もなく、世界の内に存
在しているにすぎない。つまり現存在は、事物や他者との関わりの内にある「世界内
存在」であり、この世界の中に来し方［過去］も行く末［未来］も知らぬまま投げ込
まれている（「被投性」）のである。

　だが、現存在はそれを事実として引き受けつつ、己れの存在を了解しながら可能性
へ向けて自らを「企投」する。このような現存在の在り方が「実存」であり、「現存
在の「本質」はその実存の内に潜んでいる」（『存在と時間』）。

　しかし、現存在は究極の可能性である「死」を追い越すことはできない。自らが「死
と関わる存在」であることにより、現存在が「不安」という気分に陥る。そうした不
安を忘れ、日常性に埋没する時、現存在は自己を喪失した「ひと」［世人］ (das Man)
という非本来的な在り方に頽落してしまう。だから確実に到来する死の可能性に先駆
し、「良心」の呼び声に従うことを決意する「先駆的決意性」によって、すなわち「己
れの死を不断に確実であると悟りつつ」、「己れの本来的で全体的な確実性を獲得」
（『存在と時間』）せねばならないのである。このように『存在と時間』は人間学的と
もいえる主題に満ちており、それが実存思想の先駆と理解されたのである。

【哲学コラム】
ハイデガーから見たカントの構想力の「深淵」

　ハイデガーは主著『存在と時間』に続いて上梓した著書『カントと形而上学の問題』(1929)において、いわゆる「構想力の深淵」について述べて、大きな反響をもたらした。同著第31節でハイデガーは、カントが構想力をめぐってなした考察についておよそ次のように述べている。

　　この根源的な、超越論的構想力に「根ざす」人間の本質構成は、カントが「我々には不可知な根」について語ったとき、彼が覗き込まなければならなかった「不可知なもの」である。なぜなら不可知なものは勿論、我々がまったく知らないものではなく、むしろ認識されたもののうちにあって不安の念を起こさせるものとして我々に迫って来るものだからである。しかしカントは超越論的構想力のいっそう根源的な解釈を遂行しなかった。いや、彼自らがそのような分析への明瞭な予示を初めて認識したにもかかわらず、そうした解釈に着手さえしなかった。その反対に、カントはこうした不可知な根から退避したのである(Heidegger 1991: 160)[43]。

そしてさらにこう述べる。

　　もし純粋理性が超越論的構想力へと急転するとすれば、「純粋理性批判」からはそれ自身によって主題を奪われるのではなかろうか。このような根拠づけは、一つの深淵の前へと導くのではなかろうか。／カントは形而上学の「可能性」を彼の問いかけの徹底性においてこのような深淵の前にもたらした。彼は不可知なものを見たのである。彼は退避せねばならなかった。なぜならばそれはたんに超越論的構想力が彼を脅かしただけでなく、そのあいだに純粋理性が理性としてさらに彼を強く呪縛したからであった(Heidegger 1991: 168)。

---

[43] Heidegger, *Kant und das Problem der Metaphysik*, in: *Gesamtausgabe*, Bd. 3, 1991. なお訳文はすべて、理想社版『ハイデッガー選集』第19巻、木場深定訳、1967年7月および創文社版『ハイデッガー全集』第3巻、門脇卓爾／ハルトムート・ブフナー訳、2003年9月により、一部の字句を改変して拝借した。

ちなみにこの最後の部分に先立つ記述はこうである。

したがってカントはいっそう根源的な基礎づけの可能性と必然性とについて
知っていたわけであるが、このような基礎づけは彼の当面の意図のうちには存し
なかった。しかるにこのことは、超越論的構想力こそはまさに超越とその対象と
の統一を形成するものなのだから、この構想力を抹殺する理由とはなりえなかっ
た。カントが固有の超越論的根本能力としての超越論的構想力に背を向ける機縁
となったのは、この超越論的構想力それ自身でなければならなかった。

カントは主観的演繹について詳論しなかったから、彼にとって伝統的な人間学
および心理学によって提供された構成と特徴づけにおける主観の主観性が依然
として主導的なものであった。この伝統的な人間学や心理学にとって構想力は感
性の内部におけるまさに一つの低級な能力であった。実際、超越論的演繹論およ
び図式論の成果、すなわち純粋構想力の超越論的本質への洞察は、それ自体とし
ては主観の主観性の全体を新しい光のうちで眺めさせるほど強力なものではな
かった。

それでは感性のこの低級な能力がどうして理性の本質を成しうるというのか。
最下位のものが最上位に置かれるならば、すべてが混乱に陥りはしないか。ラ
ティオとロゴスが形而上学の歴史において中心的機能を要求するという栄誉ある
伝統はどうなるのか。論理学の優位は崩れうるのだろうか。超越論的感性論およ
び論理学が主題とするものが根本において超越論的構想力であるべきだとすれ
ば、形而上学の基礎づけの建築性、すなわち超越的感性論と超越論的論理学への
分節は一般になお維持されうるであろうか。

こうしたハイデガーによるカント批判哲学に対する根本的な疑義は、例えば言語論
的展開であるとか、ドイツ精神哲学の系譜以外からのカント指弾（あるいはカント哲
学を無意味とする観点）とは違った、いっそう真摯でいっそう切実な疑いであるよう
に思われる。

近代ドイツ哲学を研究する者はすべて、この問いかけに対する責任ある見解を備え
ておらねばならないであろう。

142

２１　ヴィトゲンシュタイン（言語論的転回、論理実証主義）

概要
- 一　パースとフレーゲ
- 二　ホワイトヘッド／ラッセル
- 三　ヴィトゲンシュタイン

　近代以降、自然科学の大幅な発展が哲学に重大な影響を与え続けてきた。ニュート
ン物理学は哲学者も大きく刺激し、特にカントはそれを自身の批判哲学の指針と捉え
ただけでなく、前批判期から晩年まで自然哲学の著述を数々行なっている。デカルト
やパスカルは大哲学者であるとともに、17 世紀の最もすぐれた自然科学者でもあっ
た。初期シェリングの自然哲学は彼の自然科学研究を大いに反映している。

　そして 19 世紀の近代科学革命は哲学に客観性と厳密性を要求することとなる。そ
の結果、実証主義的な哲学（コントなど）や言語哲学（パースやフレーゲやラッセル
など）等で大きな進展が生まれた。特に後者は 20 世紀の英語圏における言語分析的
な哲学が誕生する基盤となった点で重要である。

　言語哲学への二つの大きな潮流は、米国ではパース以降のプラグマティズム（これ
については別項で述べる）と、ドイツ語圏ではフレーゲの論理学とがある。いずれも
カント『純粋理性批判』が提唱した数学と物理学が「ア・プリオリで総合的真理」で
あるとする考えを覆すものであった。

　その成果の最も大きなものの一つが「言語論的転回」である。哲学における言語論
的転回とは、言語を中心に哲学を検証し直すことを哲学者に強いることとなった。

　かつて「言語は事物のたんなるラベルであって、事物の媒体にすぎない。事物の実
在がまずあって、しかる後に言語が存在する」という風に考えられていた。しかしソ
シュール言語学（言語における「ラング」（或る言語社会の成員が共有する音声・語
彙・文法に関する規則の総体であり、記号体系）と「パロール」（ラングが具体的に
個人によって使用された実体）との差異を喚起した）がそうした従来の言語観を大胆
に覆した結果、むしろ反対に、我々が現実に知ることができることはすべて言語によ
って条件づけられている、という考えが確立するようになった。

143

かつて、やはりカント『純粋理性批判』は認識論の「コペルニクス的転回」を提唱した。このたびの哲学における言語論的転回は、哲学の前提をなしている概念的言語を言語論的に解釈し直すことへとつながった。すなわち、哲学的な問題が発生するのには言語が深く関わっていると認識すること、およびその哲学的な問題を解決するのには言語に関わる問題を考察することが不可欠であると認識すること、それが求められることとなった。

この二つの認識を初めてはっきりと打ち出したのがヴィトゲンシュタインの『論理哲学論考』であり、同書のさらなる起源となったのがフレーゲ論理学とホワイトヘッド／ラッセル『プリンキピア・マテマティカ』である。ここではまず、米国のパースと、ドイツ語圏のフレーゲによる改革から概観していく。

一　パースとフレーゲ

・パース(1839-1914)は米国史上最大の独創的哲学者といわれる。きわめて多岐にわたる分野で旺盛な活動を展開し、膨大な遺稿は今もってその多くが公表されていない。

パースが創始し、ジェイムズ、デューイらが継承した哲学的潮流を「プラグマティズム」と呼ぶことが多い。プラグマティズムは従来そのまま「実用主義」「道具主義」などと訳されてきたが、これでは誤解されやすく、真意が伝わりにくい。

『純粋理性批判』を暗記するほど熟読していたパースは、しかしカントのカテゴリー論に異を唱え、「記号論」という当時新しかった視点を導入し、認識論において「記号論的転回」を遂行した。自身が数学者・論理学者・実験的科学者でもあったパースは、人間の認識作用が科学的知識へと結晶するにあたって、デカルト以来の西洋哲学に一般的であった、個人的な観念の直観ではなく、記号や言語を介して多数の研究者による共同体で成立するものであると考え、カントのカテゴリー表を刷新し数学的カテゴリーの一覧表を導出した。

それは、カントの方法がいまだにアリストテレス論理学（三段論法、命題論など）に縛られ、新しい時代の哲学にそぐわないとパースが考えたためで、彼は同時期にフレーゲが行なっていたのと同じような仕方で、関数と変更とを基本要素とする述語論理学の形式的体系を構築することでそれを成し遂げた。

このように、パースの哲学改革は、デカルトに反対しての共同体的認識主体説と、カントに反対しての記号論理学によって、人間の認識一般を記号過程とみる記号論的認識論としてなされたものである。プラグマティズムの「プラーグマ」もギリシャ

語で「行為」や「作られたもの」を意味し、認識の内実を人間行為との関連で解釈し、認識によって「何が作られるか」に注目するのが「プラグマティズム」の真意である。

なお、パースはフレーゲより十歳ほど年長だが、フレーゲの授業を受けたことがあり、その人柄についても綴っている。とはいえ、両者はほぼ同時代の1880年ごろに違った観点から、しかし本質的な点で大いに通じ合う哲学・論理学の改革を行なっていたのである。

・フレーゲ(1848-1925)は画期的な著書『概念記法』や『算術の基礎』によって、アリストテレス以来の論理学二千年の歴史を大きく覆した大論理学者である。数理論理学（記号論理学）を確立し、命題論理と述語論理を公理化した（「すべての〜」「任意の〜」を表す「∀」（全称）や「或る〜」「〜が存在する」を表す「∃」などの量子化記号を初めて用いた）。我々が目にし、イメージする現代論理学は彼が創始した。

こうしたフレーゲによる論理学革命について限られた字数で説明することは難しいが、彼はラッセルらと交流しその思想を伝え、ヴィトゲンシュタインを教えラッセルの元へ留学するように促すなど、人間関係の面でも大きな役割を果たした。

二　ホワイトヘッド／ラッセル

・ホワイトヘッド(1861-1947)は英国の数学者で、六十歳を過ぎてから米国ハーヴァード大学へ招かれて後、哲学者としても目されるようになった。ラッセルの数学の師で『プリンキピア・マテマティカ』の主に数学に関する箇所を執筆した。

哲学面では、主著『過程と実在』などにおける「プロセス［過程］哲学」や、機械論的自然観に代わる有機体論的自然観の提唱などで知られる。

英国には「ケンブリッジ・プラトニズム」というプラトン主義の潮流が何百年もあり、ホワイトヘッドもプラトンを高く評価した。著書『過程と実在』のなかの「西洋のすべての哲学はプラトン哲学への脚注にすぎない」という言葉は有名である。

・ラッセル(1872-1970)は英国屈指の名門貴族の出身である。ずっと年長であるフレーゲとも交流し、重大な提言（「ラッセルのパラドックス[44]」と呼ばれる誤り（「集合全

---

[44] よく使われるわかりやすいものとして、床屋の例がある。「或る床屋は「自分で髭を剃らない人全員の髭を剃る」か、あるいは「自分で髭を剃る人の髭は剃らない」かのいずれかだが、そのときこの床屋はいずれの場合においても矛盾してしまう」というもの。すなわち、床屋は床屋として客の髭を剃るが、自分の髭を剃るときは自分を「客」とはみなさない。そこを度外視して、床屋が自分も「髭を剃る人」か「髭を剃らない人」かのいずれかに含めてしまうことによって誤りが生じるのである。

145

体の集まりを集合とみなすことはできない」、すなわち、「自分自身を含む集合」を考えると、矛盾にぶつかってしまう、ということ）を指摘）もしている。数学の師であったホワイトヘッドとともに『プリンキピア・マテマティカ』［数学原理］を著す。1910 年から 1913 年にかけて執筆され、全三巻というこの大著は、論理学の歴史を大きく変えたまさに記念碑的な業績である。

　ラッセルは哲学者として、論理学のみならず、きわめて広い分野で活躍した。当初は 19 世紀後半の英国哲学界の趨勢どおり、ブラッドリーなどからカントや特にヘーゲルの影響の強い哲学を学びそれを信奉してもいたが、後年それを大幅に撤回し、自著『西洋哲学史』などでは、ヘーゲル哲学をまったく無意味なものだと断罪している。

　晩年はノーベル文学賞を受賞し、またアインシュタインとともに原水爆に反対するラッセル＝アインシュタイン宣言を発して、湯川秀樹・朝永振一郎ら二十数名の世界的科学者らのパグウォッシュ会議を主催するなど、平和運動に努めた。

三　ヴィトゲンシュタイン

　ヴィトゲンシュタイン(1889-1951)はウィーンの鉄鋼財閥の末子として生まれた。1911 年に短期間だがフレーゲに師事し、その師の勧めを受けて、英国ケンブリッジ大学のラッセルに学ぶため留学する（ここからヴィトゲンシュタインの英国との深いつながりがはじまる。彼の名前が元々のドイツ語発音「ヴィトゲンシュタイン」と英語発音「ウィトゲンシュタイン」の二とおりで表されるのもこの理由による）。

　当時、ラッセルはホワイトヘッドと共著した歴史的業績である大作『プリンキピア・マテマティカ』を完結させたばかりであり、ヴィトゲンシュタインも既に刊行されていたその一部を読んでいた。

　ヴィトゲンシュタインはすべての哲学者の中でもとびきりの変人として知られる。数々の有名なエピソードから判断すればたしかにそうであるが、一方で生涯にわたり自殺の衝動と恐怖に苛まれ（四人の実兄のうち三人までもが自殺している）、あるいは第一次世界大戦では勇敢かつすぐれた活躍ぶりで二度も勲章をもらったり、憧れていた教師となって足かけ六年も務めたり、知人の建築家から協力を依頼されて夢中で取組みきわめて斬新な邸宅を作り上げたりするなど、ただのおかしな人ではない、意外で人間味豊かな面も多く見せている。

　ヴィトゲンシュタインの難解かつ多様な哲学は、とても簡潔に概括できるような代物ではない。なにしろヴィトゲンシュタイン自身は、フレーゲやラッセルをはじめ、

自分が接した数々のすぐれた哲学者の誰一人として、自分の哲学を真には理解できていないと信じて疑わず、それが度重なる自殺衝動の原因ともなっていたくらいである。実際にラッセルはヴィトゲンシュタイン哲学をかなり理解した上で、さらにそれをラッセル自身の哲学へと受容していたくらいであるが、ヴィトゲンシュタイン本人が誰一人として自分を真に理解できていないと考えていたのであれば、真相は他の誰にもわからない（ただし、そんな天才中の天才ヴィトゲンシュタインをかなりよく知るラッセルが「人類の最深の頭脳の持ち主」と讃えたのは、平和運動の盟友でもあった物理学者アインシュタインであり、あるいは哲学者としてはライプニッツこそが「ほとんど人類の知の歴史全体を通じて最高の頭脳」であるという評価だった。一方、高名な経済学者で、ケンブリッジで知り合って以来、生涯その友情を保ったケインズは、妻宛ての手紙でヴィトゲンシュタインを「神」と表現している）。

・言語ゲーム

　ヴィトゲンシュタイン哲学をめぐるキーワードとして、例えば「言語ゲーム」というのがある。ヴィトゲンシュタインは「言語の道具とその使用のされ方の多様性、語と文の種類の多様性を、論理学者が言語の構造に関して語ってきたことと比較することは興味深い」と述べ、そうした言語の多様な使用のされ方を言語ゲームと名づけた。いわば日常生活において我々は、言語を交わし意味を解釈するゲームを行なっている、というのである。

　言語活動は生活の各場面によって決定されてくる。ヴィトゲンシュタインが挙げている例を引くと、「五つの赤いリンゴ」と書いたメモを渡し、人に買い物を指示するとする。その際に我々は、このメモを見た店主が「林檎」とある箱を開け、赤という色見本に合致する色の物体を探し、五という数字を数えていく場面を前提としている。つまり、生活の中でその言語がどう使用されるかという点が問題なのである。

　ヴィトゲンシュタインは、「言葉を話すということが、一つの活動や生活形式の一部であることを、はっきりさせるため」に、言語ゲームという言葉を使ったと述べている。だから言語ゲームとは「生活形式」であるといえる。となると、我々にとって確実なのは、言語活動だけということになる。それも「ただそれを話しているものだけが知りうること、つまり直接的で私的なものの感覚、を指し示す」ものにすぎない私的な言語であれば、それは言語とはいえない。言語とは、だれかと意思疎通できるものでなければ、意味を持ち得ないのである。

・写像理論

　初期の主著『論理哲学論考』は、言語の論理の誤解に基づいて設定された哲学的課題の解決のために執筆された。ヴィトゲンシュタインによれば、哲学の仕事は説教ではなく、解明することであって、哲学は実証のための道具として位置づけられねばならない（彼はウィーンを中心に展開された論理実証主義に多大な影響を与えた）。

　そこでヴィトゲンシュタインは『論理哲学論考』で、言語と世界との積極的な関係について「写像理論」を提起している。これは、言語と世界との間の対応関係、構造上の同一性を意味しており、これをもとにして、言語の可能性から世界の在り方を明らかにされる。

　言語は、名の連鎖としての要素命題と、その真理関数からなるとされる。名は或る対象を持つときに初めて意味を持ち、その連鎖である要素命題が正しいのは、要素命題における名同士の関係が、名の表している対象同士の関係と対応している場合のことである。例えば、「プラトン」や「ソクラテス」という名と、「プラトンはソクラテスの弟子である」という要素命題についてなら、プラトンやソクラテスという言葉の関係性と、それが指す対象としてのプラトンおよびソクラテスとの関係は対応している。したがって、「プラトンはソクラテスの弟子である」という要素命題は正しいということになる。

　写像理論を発展させていくと、世界中の事柄が言葉によって説明できることになる。世界は言葉によって語りうることができ、逆に、自然科学の世界とは異なって、善や意志といった対象を持たない命題は語り得ない。言語で説明できることが世界のすべてであり、哲学で扱える範囲を適切に画定し、その範囲内で世界の完全な説明を試みるべきである。言語の限界が世界の限界であり、ヤスパースを戦慄させた『論理哲学論考』末尾のあの有名な一節「語り得ぬものについては沈黙せねばならない」は、そのことを示しているのである。

　なお、こうした言語論的転回は19世紀末から20世紀初頭にかけての様々な哲学的思潮に決定的な影響をもたらしただけでなく、さらに時代を超えて、第二次世界大戦後のフランス思想（フーコー、ラカン、クリステヴァ、デリダら）にも及んでいる。

2 2　二〇世紀哲学・倫理学のまとめ

概要
一　19世紀末から第二次世界大戦後まで
二　アングロ・サクソン（英米）哲学
三　フランス現代思想

Karl Jaspers, 1883-1969

一　19世紀末から第二次世界大戦後まで

・**19世紀末から20世紀初頭にかけての哲学的潮流**

　全盛を誇った新カント学派の認識論から、ハイデガー流存在論へと大きく変化する。広く社会を捉えても、シュペングラー『西欧の没落』(1918-1922)に象徴されるような、「西洋文明は永久に進化論的に成長を続ける」といった楽観的な文明論の崩壊も相俟って、哲学のスタイルは大きく変化する。

・**実存思想**

　そうした第一次世界大戦で生じた知的虚無感に応えるようなかたちで、ハイデガー『存在と時間』やヤスパース（『現代の精神的状況』『哲学』『実存哲学』など）等では、人間の「実存」の在り方が深く問われた。かつては存在の「本質」が問われてきたが、「実存は本質に先立つ」として、人間存在の倫理的な意義が根底から問題となる。実存思想は第二次世界大戦後にはフランスのサルトルらを中心に全盛期を迎える。

　また、ヨナス(1903-1990)は実存主義哲学とともに、主著『責任という原理』で「あなたの行為の結果が、地上における本当に人間らしい生活の持続とうまく折り合うよ

149

うな仕方で行為せよ」、あるいは「将来にわたる地上での本当に人間らしい生活の可能性を破壊しないような仕方で行為せよ」と述べ、世代間倫理の原理を定式化した。彼は生命医療倫理学においても、科学技術によって倫理の箍（たが）が外れてしまうことを危惧する発言を行なっている。

・二つの世界大戦による危機と破滅

ナチス・ドイツの反ユダヤ政策のため、多くのユダヤ系思想家が亡命を余儀なくされた。ナチス時代によって生じた文化的空白は 21 世紀の今日なお埋められていない。当初ハイデガーの元に学び、次いでヤスパースの元で博士号を取得したアーレント(1906-1975)もユダヤ人迫害を逃れ米国へ亡命し、全体主義（ファシズム、ナチズム、スターリン主義など）の起源を問うたり、『人間の条件』では社会活動の重要さを説いたりして、現代公共哲学の先駆となった。

・フランクフルト学派

マルクス主義の影響のもと、社会哲学を展開した社会研究所（フランクフルト大学で発足、後にパリや米国へ亡命）に所属する、第二次大戦前の世代である、ユダヤ人のベンヤミン（1892-1940. 主著『ドイツ悲劇の根源』、芸術作品の「アウラ」［オーラ］について論じた『複製技術時代の芸術作品』など。ナチスから逃れ 1940 年に亡命先で自殺）やホルクハイマー(1895-1973)とアドルノ（1903-1969. 『プリズメン』所収の「文化批判と社会」にある「アウシュヴィッツ以降、詩を書くことは野蛮である」という有名な言葉で知られる）が中心人物で、第二次大戦後の第二世代ではハーバマス（1929 年生まれ。『コミュニケーション的行為の理論』『討議倫理学』など）がいる。

二　アングロ・サクソン（英米）哲学

19 世紀イギリス哲学の伝統として、特にミル（とりわけ倫理学と、そして論理学）からの流れを汲む。言語や民族の共通性から、哲学・倫理学の思想面でも多く共通する性格を有している。

・功利主義

ミルの功利主義およびその立場からの自由論は、英米倫理学の主流となって今日に至っている。　ただし、アリストテレスの徳倫理学やカントの義務論はもちろんのこと、ヘーゲルの国家論やマルクスの社会主義など、伝統的な倫理学の要素もいまだ大きな役割を果たしている。

・分析哲学

　19 世紀の実証主義と同様に、著しく発達した科学の影響を受けた、厳密で客観主義的な哲学思考法が生み出される。こうした科学的な哲学も、やはり英米圏で主流を形成している。ウィーンを拠点としていた論理実証主義も、亡命先の米国に拠点を移し、勢力を拡大していく。

・プラグマティズム

　パースに続いて、W・ジェイムズやデューイら、いずれも米国の哲学者がプラグマティズムを展開する。

・現代の倫理学（政治哲学・公共哲学、生命倫理学を中心に）

　現代の正義論をめぐる代表的な三つの立場に、

　　1．ロールズ（『正義論』）らを代表とする「公正としての正義」論の立場

　　2．ノージックらを代表とする「権利としての正義」論といった義務論的リベラリズムの立場

　　3．そうした（1や2の）「正義の善に対する優先」という考え方自体を批判するマッキンタイアやサンデルらを代表とする共同体論の立場

　以上がある。

　さらに補足すると、ロールズは「リベラリズム」つまり自由主義（功利主義を批判し、政治的な自由を保障しつつ、公正な分配による経済的な平等を志向する）を提唱しており、ノージックは「リバタリアニズム」つまり自由尊重主義（個人の自由や選好を最大限尊重する、極端な個人主義で、最少国家論を主張）を提唱している。これらに対してマッキンタイアは「コミュニタリアニズム」つまり共同体主義（共同体における共通善に価値を置き、共和主義を再生することを主張）を提唱する（この立場に、カナダ人のテーラー、そしてウォルツァーやサンデルらが含まれる）。

　同様に英国では、R・M・ヘアが選好功利主義を提唱し、豪州出身でオックスフォード大学のヘアのもとに学んだシーガーらも同じ立場にある。

三　フランス現代思想

・ベルクソン

　世代でいえばむしろフッサールと同じであるが、20 世紀フランス哲学のルーツの一人がベルクソンである。主著『創造的進化』の「エラン・ヴィタール」（「生の飛躍」の意）が有名。また、時間を「純粋持続」と捉えた（これはごく一般的に我々が日常

151

生活で感じている、例えば退屈な時は時間が進むのが遅く感じられたり、逆に楽しいときは時が流れるのが速く感じられたりするあの感覚を説明したものである）。また彼は、哲学者として初めてのノーベル文学賞受賞者でもある。

・ソシュール言語学

　言語の社会的側面（ラング）と個人的側面（パロール）との対比、また、記号［シーニュ］におけるシニファン（音の連鎖）とシニフィエ（言葉の概念）との区別などで、言語学に革命を起こす。構造主義に決定的な影響を及ぼした。

・ドイツ思想からの強い影響

　マルクス主義、ニーチェ、フロイト精神分析学、フッサール現象学、ハイデガー哲学等、ドイツ思想の影響を強く受けた。サルトル、メルロ＝ポンティ、レヴィナスなどが、20世紀初頭に生まれた哲学者らがその代表である。

・サルトル

　フッサール現象学から強い影響を受ける。主著『存在と無』、『実存主義とはヒューマニズムである』によって実存主義の旗手となる。『吐き気』［嘔吐］、『自由への道』などの小説や戯曲も高く評価され、ノーベル文学賞に選ばれる（ただし辞退）。

・メルロ＝ポンティ

　サルトルと同じく、フッサール現象学から決定的な影響を受ける。主著『知覚の現象学』など。哲学史上初めて本格的な身体論を展開した。

・**構造主義**

　現象に潜在する構造によって理解する。レヴィ＝ストロースの文化人類学に始まる。

・**ポスト構造主義**

　構造主義を批判。フーコー（『知の考古学』など）、デリダ（古い知的な構造を絶えず破壊し、新たな構造を生成することを主張した「脱構築」で有名）、ドゥルーズ（フロイト精神分析学からの影響。主著『アンチ・オイディプス』はガタリとの共著）などがいる。

・**その他**

　フランスの隣国イタリアでは、マルクス主義哲学者のネグリ（1933年生まれ）が弟子のハートともに、代表作『〈帝国〉』において、グローバリゼーションによってもたらされた〈帝国〉というネットワーク上の権力を、それに対抗する多数多様性を意味する「マルチチュード」という概念によって分析している。

【論文5】
アウグスティヌスの「包越」論——ヤスパースとの比較論考——

序

　アウグスティヌスは古代と中世との結節点に立つ大思想家であるだけでなく、人類の全思想史においても最重要な人物の一人である。ヤスパースはその著『大哲学者たち』において、古今の大思想家たちの位置づけをおこない、ソクラテス、孔子、仏陀、キリストのいわゆる「四聖」を第一グループ「基準を与える人々」として最初に置き、次の第二グループ「万人に哲学者と名づけられる大思想家」の筆頭、すなわち先の四聖に続く位置にプラトン、アウグスティヌス、カントの三人を第一従属グループ「哲学することの産出し続ける創造者」として配した(Jaspers1957: 46-47, 227-233)。したがってこれは実質的に、アウグスティヌスを最も偉大な西洋哲学者四人の一人と数えたに等しい。

　本論文はそのアウグスティヌスの思想、とりわけその恩寵論において、神に「包越」の性質を認めることができるとする、今道による独自のアウグスティヌス論（今道2010）を導きとして構想されたものである。すなわち、アウグスティヌスにおける「包越」論の妥当性を検証する。さらにその「包越」を、もう一つの著名な包越論であるヤスパース思想のそれと比較することを試みる。既にこれだけでも多くの問題・難点がここには潜んでいる。それらを慎重に解決しつつ、一定の成果を目指したい。

第1章A　アウグスティヌス恩寵論における「包越」

　アウグスティヌスの思想圏は壮大な範囲を誇る。わけても『恩寵と自由意志とについて』（以下『恩寵論』と略記）を筆頭として、恩寵［恩恵］(gratia)についての議論は最も重要なものの一つである。哲学史上でも空前絶後というべき膨大な著作群（今道の試算によれば（今道 2010: 105-112）、それはカントの十倍、プラトンの二十倍にもなるという）には、「恩寵」とはっきり銘打たれていなくても、例えば主著『告白』のように、そこで展開される思想すべてにわたり神の恩寵が、いわば通奏低音のように響いているものも多数ある。

　アウグスティヌスにおける恩寵の重要性について、例えば山田はトマス・アクィナス『神学大全』の或る箇所(*Summa Theologiae*, I-II, q. 109, a. 1, c)がアウグスティヌスのいわゆる「照明説」を継承しているとし、「恩恵の光」と「能動知性」とを対比させ

つつ、次のように述べている。「もしも恩恵ということを、自然に対立する固有の意味にとるならば、われわれは恩恵の光としての神の光なしに、能動知性という自然の光によって、自然的世界の真理を知ることができる。しかしもし恩恵ということを、広く神の恵みという意味にとるとすれば、恩恵としての神の光なしに、われわれはいかなる真理をも認識することができない」（山田 1977: 220）。能動知性によって可能となる自然的認識に対して、恩恵［恩寵］によって超自然的認識が可能となる。そして両者はともに、第一原因としての神の光、神のはたらきを必要とする。この意味においては、アウグスティヌスもまた同様なのである（山田 1977: 214-219 参照）。それは『恩寵論』におけるアウグスティヌス自身による、恩寵は自然ではない、という主張 (De gratia et libero arbitrio, XIII) からも明らかであろう。

　そしてこのアウグスティヌス恩寵論において、神の「包越」を認めるのが今道である。しかしここで、検証上二つの重大な難点が頭を擡げていることを認めねばならない。それは第一に、今道のアウグスティヌス包越説の原型たる一九六六年論文[45]で示された「包越」［包越者］[46]という語は、直接アウグスティヌスのテキストから引かれたものではないという点であり、それに付随して第二に、この「包越」はアウグスティヌスの用いていたラテン語ではなく、日本語の「包越」によって、そして今道が堪能であったドイツ語によって"Die Umfassende-Transzendenz"と表現されている（今道 1966）[47]という点である。

　したがって根本的に、当時アウグスティヌス本人が用いてもいなかった語を、さらに現代の我々が云々することなどに、そもそも意義があるのだろうか。アウグスティヌスにおいて「包越」という語がはっきり用いられているわけではない以上、いわばアウグスティヌスにおける「包越」は、その普遍性ないし妥当性が論証されるまでは、あくまで今道一人が独自の理解によって認めたものであるにすぎない。したがって、本論文でアウグスティヌスとヤスパースとを「包越」によって関連づけることを試みるならば、まずアウグスティヌスにおいて「包越」を読み取ることの普遍妥当性を論証せねばならず、しかる後にその包越とヤスパースの包越とを照らし合わさねばならない。この第一の論証作業のためには、アウグスティヌスのテキストから「包越」思想を裏づけるに足る要素を抽出する必要がある。どのような表現から「包越」なる概

---

[45] 初出論文と最晩年の著書との間に「包越者」「包越」以外の本質的な異同は無い。

[46] 本論文では「包越」「包越者」をさしあたり同一概念と見なすが、あえて統一はしない。

[47] 中世哲学会の HP では、過去の『中世思想研究』等の業績が PDF で入手できるが、本論文の執筆当時このデータベースには初出誌の裏表紙に記されていた欧文題目は収録されていない。

念を捉えることが可能であるか。

　日本語の「包む」「越える」あるいは「包み越える」、またはドイツ語の umfassen に相当するラテン語の動詞は、comprehendo, contineo, capio 等が挙げられよう。例えば主著『告白』(Confessiones)全巻を見渡してみる[48]と、comprehendo の場合「理解する」という比喩的な用法が主で、「包含する」という意味での用例は二つほど存在する(Confessiones IV-16; XII-2)。Capio にもとりたてて注目すべき用法は見出されないようである。それに対し contineo の場合、次のような注目すべき箇所が見出される。

　　　（略）万物を包含するあなたは、みたしたもうものを、まさにその包含によってみたしたもうのですから、ご自身は何者によって包含される必要もないのでしょうか。まことに、あなたにみたされている器が、あなたを不動に保っているわけではありません。たとえ器がくだけても、あなたがこぼれてしまうことはありません。あなたは、私たちの上にそそがれる場合にも、たおれることなく、かえって私たちをおこします。ちらされることもなく、かえって私たちを集めるのです。(Confessiones I-3. 訳文は山田訳による)

　これらの「包含する」「包含される」という関係は、ヤスパースと同様に、超越者たる神と人間（ヤスパースにおいては実存）との関係を言表している点で、ひじょうに興味深い。ただしこの程度では、後述する今道の指摘どおり、わざわざアウグスティヌスの特色とするまでもないし、ましてやヤスパースとの親近性の根拠とは見なし難いであろう。

第1章B　アウグスティヌスの特異性

　次に、今道の「包越」論の根拠を、まさに『恩寵論』から、今道自身の導きで検証してみる。そもそも同書は、「神の恩寵を擁護するあまり、人間の自由意志を否定したり、あるいは恩寵を擁護する場合には自由意志を否定したりする」(De gratia et libero arbitrio I)という、二つの対照的な誤解に対する、アウグスティヌスの真摯な説得なのである。彼によれば、真の自由は、神の恩寵によってこそ、完遂されるのにほかならないからである。

　さて今道の包越説は、神の「人間学的優位」から論ぜられる（今道 2010:85）。まず

---

[48] ラテン語原典は O'Donnell 1992、ドイツ語訳は Lachmann 1888 を用いた。

アウグスティヌスにおける神の特色として、神が人間に対して在る、その在り方が、超越ではなく、包越である点が指摘される。もっとも、今道によれば、こうした規定はむしろ当然なものであり、わざわざアウグスティヌスの特色とするまでもない。しかし、アウグスティヌスの時代は、恩寵と意志とに関する省察がまだ十分に実を結んでいたわけではなく、むしろ「この至難な問題が次第に考えられてきた時」に留意すべきである。そしてこの『恩寵論』は、アウグスティヌスがこれまでの生涯を通じて考え続けてきた恩寵の問題に関し、最も深く徹底して考察し、その全著作の中でもとりわけ重要書と自他ともに認めている、と理解されている（今道2010：85）。すなわち、無限者である神の恩寵と、有限者である人間の自由との関係、一見しただけの表層的な考察ではたんなる矛盾にすぎない関係で、前者が後者にそそがれ、また、後者が前者に報いることで、はじめて後者が成り立つ、という真に弁証法的な関係[49]が、深遠なまなざしをもって問われているのである。

　今道によると、アウグスティヌスにとって、ペラギウス派との論争は、「古典的超越としての存在論的な神観から、真にキリスト教的な包越としての人間学的な神観への転位の過程」でもあった。ここで提示された「人間学」の本質とは、「毫も人間から見ての人間中心主義の見地を指すのではなく、恩寵から見直すときに、つまり人間の原理から見直すときに、初めて成立する人間の自己省察としての哲学」（今道2010:85）であり、まさに真なる人間学である。こうした真の人間学的観点から、今道はいよいよ「包越」の真意について解明する。包越とは「超越の一つの在り方」であり、「超越を前提とする」。なぜなら、「内在的宇宙や人間を包むという以上は、それらを超えていなくてはならず」、つまり内在に対する超越でなければならない（今道2010:85参照）。だが一方で、包越は古典的な超越、「たんなる超越」でもない。今道は「たんなる超越」の「最も卓越した典型」として、プラトンの「善のイデアの在り方」である「実在の彼岸」($\epsilon\pi\acute{\epsilon}\kappa\epsilon\iota\nu\alpha$ $\tau\tilde{\eta}\varsigma$ $o\dot{\upsilon}\sigma\acute{\iota}\alpha\varsigma$)を例示する。だが、プラトンにおけるこうした実在も、既に現実存在としての「アリストテレス的個体」ではなく、むしろその「原理」「イデア」を指していたのだから、ここにおいて、日常の我々が体験する感覚的事物からすれば超越のさらにまた超越、「二重超越」（今道2010:85）が必要である。それは、「善のイデアの在り方」すなわち「実在の彼岸」の、その「実

---

[49] この弁証法的関係について補足すると、アウグスティヌスは『恩寵論』で、聖書自らも自由意志を認めていると説いており、ここから金子は、恩恵［恩寵］を欠いた自由意志も、自由意志を欠いた恩恵も聖書は教えず、恩恵と自由意志とを教える点で、アウグスティヌスには聖書的弁証法が認められる説に賛意を示している（金子1982：422-428参照）。

156

在」が既に「原理」としてのイデアだからである。ただし、こうしたいわば「二重超越的距離」にある「善のイデア」が人間や事物に対しまったく無関係だというわけではなく、むしろ善のイデアは人間などを支配しており、その理由は、善のイデアがまさに「諸原理の原理」であり、「真の存在としてのイデアの存在根拠としての原存在」だからである。

　それではそうした原存在が、宇宙における人間をはじめとする内在者を支配する仕方とは、いかなるものか。そこで今道はふたたび「最も卓越した典型的表現」として、今度はアリストテレスから「愛されている者のごとくに」(ὡς ἐρώμενον)という例を挙げる（今道 2010:85-86）。それの真意は、我々人間をはじめとする宇宙の内在者を、強制的に、自らの支配のままに動かすということである。しかし今道はここで、それはあくまで「愛されている者のごとく」にすぎず、「愛する者として」(ὡς ἐρῶς)という面はない、と指摘する。結論としては、プラトンとアリストテレスとを通じて、古代ギリシャ哲学が到達した絶対者としての超越者の性格では、このようなものにとどまっているのである（今道 2010:86）。

　こうした古代ギリシャ的絶対者に対して、今道にとって優位にあるものとされるアウグスティヌス固有の「包越」としての神とは、いったいどのような性格であるかが明らかにされねばならない。たしかにそれは、我々人間をはじめとする宇宙の内在者すべてに対して、一応は「実在の彼岸」と「愛されている者のごとくに」という古代ギリシャ的な超越者の性格を有しており、その意味で「原理の原理」としての「支配者」である点は変わりない。また、「創造主」としての違いもあるだろう。とはいえ、今道によれば、『恩寵論』におけるかぎりでは、創造についての問題も、仮に自明だとしても、主題からそれ、むしろ注目すべきではない（今道 2010：85）。なぜなら、「創造」とはまず「存在させること」という一応の限定が肯定されるのならば、「創造主」とは「存在者の存在の根拠」であり、それは「存在」という点で「一切の内在的存在者」を支配している者、したがってその限りで、先に挙げた古代ギリシャ的な「善のイデア」やあるいはアリストテレスにおける「神」とのあいだに、何ら質的差異は無いことになるからである（今道 2010：85）。しかし、アウグスティヌスにおける創造主とは、単に「存在の根拠」ではない。むしろ問題となるのは、「創造主」がいかなる意味において、たんなる「存在の根拠」ではなくまさしく「創造主」なのか、ということであり、「論理学的な態度」として、それが示されるまでは「一応両者の区別をないものにしなくてはならない」（今道 2010:86）。

157

それでは、古代ギリシャ的な神と、アウグスティヌスにおける創造主とは、いかなる意味において異なるのか。まず超越者とは、存在に関して見るかぎり、それぞれの内在者において「存在を介して」すなわち「存在によって浸透している」のであり、「自己に超絶的に濃厚に凝縮しているその存在性を常に確保している存在」としての、いわば「存在そのもの」である。とはいえ、存在という点に関して、いかなる存在者も超越者とは存在の類比によって結ばれているはずであり、たとえ「絶対的超越者」であったとしても、こと「存在」というかぎりでは、「相対者」との「範疇的差別」をもちえない（今道 2010:86）。

　しかし、包越する超越者はそうではない。それはかえって、「その恩寵によって包むものとそうでないものとを、存在者の存在の類比的連帯の広がりにおいて差別してしまう」（今道 2010:86）。包越者が存在論的連結を絶つのは、このようにして恩寵による世界限定をするからだけにとどまらず、包越者は恩寵を与える者として、そのことにかんしてはただ一人卓絶するのである。自己すなわち包越者である神と、意志的存在者すなわち我々人間とを、恩寵によって結ぶという限定された世界において、両者を一つとさせながらも、自己は与える者として他者とは絶対的に区別されるのである。このようにして、アウグスティヌスにおける包越者としての神は、古代ギリシャのたんなる超越者としての神よりも、恩寵を介することにより、その絶対性を範疇的にきわめて明白に確保している。

　先に挙げた今道の「人間学的」の真の意味とは、包越者としての神の、その包越の対象が、意志的存在者のすべてではなく、人間に限られることで、包越者としての神の人間学的省察が課題となる（今道 2010:86）ということである。すると今度は、「包越者としての人間学的省察」が課題となる（今道 2010:85）とともに、人間の宇宙における位置も、他の存在者からその能力において定められるのではなく、包越者からの恩寵によって、差別的に優位づけられていることに基づく。こうしたいわば「人間学的宇宙論」の形成こそが恩寵論の眼目である。このように、聖書神学から提出された問いが、いつの間にか哲学の基本問題へと編成され、「神論と人間論と存在論に新しい展望を与える思索の可能性」が示される。「アウグスティヌスの特色」とはここにこそ見出されるのである（今道 2010:86）。

158

第2章　ヤスパースの包越存在論

　一方、ヤスパース「包越者」はドイツ語では das Umgreifende[50]と記される。その包越者の存在についての論——Periechontologie (Periechon + Ontologie. 包越存在論)——は、彼の後期の哲学、具体的には1935年のオランダにおける連続講演『理性と実存』以降において展開される思想であり、そこでは、我々の免れがたい「地平」という観点から、すべての地平を包摂していて、しかもそれ自身はもはやいかなる地平でもないような、そうした包越者の覚知への道が示されている(Jaspers1935)。ヤスパースにおける包越者とは、「哲学の中心問題である「存在」を表現するもの」であり、「人間存在と人間にとっての一切の存在とを、一なる存在との関連において方法的組織的に開明するために構成されたもの」(ヤスパース（林田訳）1986: 349 訳語解説[51]) である。それは、晩年の主著『啓示に面しての哲学的信仰』第三部「哲学的根本知から（もしくは包越者の諸様態の哲学)」でも集中的に論ぜられ、そこでは我々が免れがたい主客分裂を通じた手続きにより示される。この主格分裂という事態こそヤスパースにとって決定的であり、それを打破しようとして力を尽くすも、しかしけっして打破できぬというところから、懸命に模索されたのがこの包越者という思想に他ならない。ヤスパースのいう「哲学的根本操作」(Jaspers1947: 37-39)とは、「通常の思考を絶した包越者を確認するための思惟の手続きのこと」なのである。

　こうした、ヤスパースの「包越者」［包越]、ならびに「包越存在論」について概括し、そのうえで、本論文の目的であった、アウグスティヌスにおける「包越」論と、ヤスパースの「包越」論との比較が可能となる。ヤスパースは包越存在論によって、まず対象的思考から逃れ、超越者と本来的な有限者つまり実存との「関係」について、真に考察しようと意図する（この関係は、論証を経た後には、「連繋」であることが示される）。すなわち、「主 - 格 - 分裂」(Subjekt-Objekt-Spaltung)の解消がその目的である。そうすることで彼は、従来の捉えられ方での主観的な存在者として、「現存

---

[50] まず『理性と実存』以来、後期ヤスパース思想のキーワードとなった das Umgreifende の我が国における訳語として、当初は「包括者」が一般的であったが、『真理について』邦訳第一巻（1976年刊）が「包越者」で統一したことで、広く併存するようになった。また、『真理について』(1947)ではじめてあらわれた Periechontologie の訳語については、「包括者存在論」などがある。この語がアナクシマンドロスの「ト・アペイロン」を源流としていることはよく知られている。なお動詞 umgreifen についても、この語が術語として確立するまでの移行期では、他にヤスパースは übergreifen, umfassen 等を用いていた経緯もある。今道が用いている umfassen とは明らかに接点を有しているが、ヤスパースは最終的にはこれを採らなかった。以上、本論文ではいずれも原則「包越」とする。

[51] 邦訳『哲学とは何か』林田新二訳、白水社、1986年に所収。

在」「意識一般」「精神」および「実存」と、同じく従来の捉えられ方での「客観的」な存在者として、「世界」および「超越者」を、それぞれ包越者として配した。さらに、それらをつなぐ「紐帯」としての役割を「理性」を認めた。これらは、それぞれ現存在、意識一般、精神および世界が「内在的」、それに対して実存、超越者が「超越的」、と区別されている(Jaspers1947: 45-52)[52]。

このようにヤスパースにとって「包越」存在論はきわめて重要なはたらきを担っており、ここからは今回の比較考察にとって核心となる「実存」と「超越者」とに絞って考察していく必要がある。一見してわかるように、後者はそのまま、先述した今道の議論における古代ギリシャ的超越者、そしてアウグスティヌスの包越者における超越者としての側面と、対比することが可能であろう。また前者についても、アウグスティヌスにおける被造物すなわち有限者としての我々人間に関して、厳密には現存在・意識一般・精神のそれぞれの相における比較考察もなされることが望ましいが、ここでは「実存」(あるいはそれに先立つ「可能的実存」)に焦点を合わせて考察することが最低限必要である。

アウグスティヌスにおいて、絶対者たる神の恩寵にあずかり、かつ真の自由意志をもって神の指し示す道を進む有限者たる人間は、まさしく自らの姿を念頭に置きつつ考察しているにほかならない。それゆえ彼をして実存思想の嚆矢とみなすのである[53]。

それでは、実存と超越者との関係は、ヤスパースにおいてはどのように考えられていたか。主として『真理について』に基づき検証してみる。まず、「世界は現存在・意識一般・精神としての我々にとっての存在である」のに対して、「超越者は実存としての我々にとっての存在である」(Jaspers1947: 110)。すなわち、主体としての実存と、客体としての超越者とは、いずれも「超越すること」によって達せられる。それは具体的にはいかにしてなされるか。ここでヤスパースは、超越者からの「贈与」について述べる。超越者は実存にとって「己れの足場」であり、実存は、「私は私自身によってこの私自身であるのではない。私は自分で自分を創造しはしなかった」ことを知っている。すなわち、「私が本来的に私自身である場合、私は、私が自分に贈与されるのだと知っている」(Jaspers1947: 110)。

---

[52] さらに同書「哲学的論理学のための第二序文」(Jaspers1947 : 29-44)でも詳説される。「包越」存在論は、「哲学的論理学」においてその本来の機能を見せることとなる。

[53] 「アウグスティヌスの「心」の概念には人間の実存を示す意味が含まれていると思われる」(金子1982: 232。他に、pp. 166, 230 も参照)。

160

第3章　ヤスパースとアウグスティヌス

　そしてこれに続くヤスパースの言葉は、本論文においてきわめて重要である。「私の自由が決定的に意識されればされるほど、同時にそれだけ決定的に、私がそれによって存在する超越者もまた意識される」。そして、「私は、それによって私が私自身である、力としての超越者に関する知と一つになった状態でのみ、実存である」(Jaspers1947: 110)。この記述は、先に示したアウグスティヌスにおける、神の恩寵と人間の自由意志との関係にひじょうに似ている。ただし、伝道の時代のアウグスティヌスと違い、ヨーロッパの黄昏に生きるヤスパースには、もはや「知」は前者のごとき「神の光」のままではすまされない。

　とはいえ、ヤスパースにおいて、実存への超越者からの連繋を保証する知は、一七世紀と一九世紀という、二つの合理主義の時代において、アウグスティヌスのような真摯さをもって哲学したとヤスパースが評価する三人の実存思想家、すなわち、パスカルとキルケゴールとニーチェ[54]によって目覚めさせられた知であり、「実存は、自己が贈与されているのを知るがゆえに、究極的には隠されている」(Jaspers1962: 121)。そして超越者もまた、特定の形態あるいは限定的に思考されたもの形象においては、けっして捉えられない。超越者についてはつねに「必然的に否定的な言表において語られる」(Jaspers1947: 110-111)にとどまらざるをえない。言葉を変えて述べるならば、「超越者は、すべての特殊な世界存在を踏み越える」(Jaspers1947: 110)ものなのである。

　したがって、実存として超越作用に自らをあずけた者は、超越者の導きにより新たな段階へと歩を進めることが可能となる。「我々の人生の目標が、包越者の広がりに対して開かれてあることであり、また、根拠そのものが深みにおいて我々に対してはたらくようになるために、包越者のなかで諸根源に対して開かれてあることだとすれば、この目標は、我々が超越者の内に己れを見出すその程度に応じて達成されうる」(Jaspers1947: 112)、そうヤスパースが述べるとき、彼の唱える包越存在論とは、すなわち、実存が包越者のなかで根源に対して開かれてある、ということは、先に述べたアウグスティヌスにおける、有限者たる人間が包越者たる神の恩寵にあずかることによって、そしてそれに応えることによってのみ、真に自由である、というアウグスティヌスの「包越」論と、本質的な近しさを認めることができるであろう。それが「開

---

[54] 彼ら三人とレッシングは、『大哲学者たち』では「偉大なる覚醒者(Erwecker)」と称されている (Jaspers1957: 48)。

かれてある」ということは、実存である人間が主体的に自由を選択できる余地がある、ということであり、「超越者の内に己れを見出すその程度に応じて達成されうる」とは、実存が超越者に贈与／恩寵にあずかり、それに全力で応えることでのみ、超越／自由は叶う、ということとなる。

　一方、ヤスパースが神の愛、ならびに神への愛について言及していることは、アウグスティヌスとはいちじるしく異なっている。ヤスパースの語る愛には、その対極としての憎悪が不可避的に顔を覗かせているのである。「世界を愛するか憎むかというその仕方に応じて」、我々は、世界愛と世界憎悪という対極的な二つのあらわれを目の当たりにすることとなる。世界憎悪とは、ニヒリズムであり、グノーシスであって、例えばグノーシス的思想では、「世界は神とは無縁の被造物であり、堕落した天使によって生み出されたもので、徹頭徹尾悪魔的であり、神的ではなくて神に叛逆的であるような、悪魔的に誘惑してゆく存在形態である」。ではそれは、いかに解消されうるのであろうか。それは、世界が神の創造物として愛されることによって、である。そのとき、「世界において神が愛され神の創造物において神が愛される」(Jaspers1947: 112)。これをヤスパースは、「世界が超越者の言葉となる」こととみなしている。「自然のすばらしさや人間の偉大さと可能性のなか」に、「神性が語り出している」ということ、ここからヤスパース独自の「超越者の暗号解読」がなされてゆく。こうして、世界は「たんに世界でのみあることをやめる」こととなり、「有限なものや現在しているものや可知的なものや直観できるもの」が、一方では「超越者の容器としてたえず我々に語りかけ」、同時に「真実には、そこである他者がはたらくような容器」となるのである。この二重性により、「超越者の言葉」によって、「神性を経験する可能性が生じる」(Jaspers1947: 113)のである。

　アウグスティヌスにとって人間の超越とは自己超越にほかならず、「外に向かうな、汝自身のうちに帰れ」と彼は言い、自己が有限であることを自覚するなら、自己のうちに内在する真理に向かって「汝自身を超越せよ」と命じている。アウグスティヌスによれば、内的人間の内にこそ、真理は宿っている(De vera religione XXXIX-72)[55]。したがって、その内的超越には「包越」のはたらきは備わっていない。一方、ヤスパースに特有のものとしては、先に挙げた「紐帯」としての「理性」の根本的な役割があ

---

[55] アウグスティヌス『真の宗教』第39章第72節（邦訳は『アウグスティヌス著作集2』茂泉昭男訳、教文館、1979年に所収、359頁「あなた自身の中に帰れ。真理は内的人間に住んでいる」。また、金子1993：182、同じく金子1982：97-98を参照。

162

る。哲学的論理学は「理性のオルガノン」であり(Jaspers1947: 10)、「論理学的自己意識は、あらゆる様態の自己反省を利用しつつのりこえてゆく理性の自己意識であって」、「私にとっての存在の諸様態と私自身の存在の諸様態との、すべてを貫徹し包越する明晰さ」であって、この「明晰さ」には「超越するはたらきが必要」なのである(Jaspers1947: 9-10)。『理性と実存』から『真理について』にかけて、一段と強められた理性の意義深さこそ、ヤスパースの後期思想を牽引する要素となった。一方、アウグスティヌスにおいては、超越におけるこういった理性の牽引力は、およそ認めがたいものなのではなかろうか。それにもかかわらずヤスパースがアウグスティヌスに最大の敬意を払っている点は、先にも述べたように、パスカル、キルケゴール、ニーチェの源流ともいえる「自己透視」(Selbstdurchschauen: Jaspers1957: 396)——であり、人間を「無限の深淵」と率直に認め、哲学史上において、ヘラクレイトスやソクラテス、プラトンよりも誰よりも、「自己自身の魂の前に立った」(Jaspers1957: 327）人物による、内面性への問いかけという姿勢にほかならないのである[56]。

むすび

　興味深いことに、ヤスパースは前掲『啓示に面しての哲学的信仰』第三部で、ダンテ『神曲』「天国篇」で隣接する二つの歌、二九と三〇から一箇所ずつを引用している。一つは二九の一五「我在り」(subsisto)、もう一つは三〇の一二「自ら包むものに包まるゝやうに見え」である。前者についてヤスパースは、「天使たちは、神の栄光をおのれのうちにきらびやかに映し出しながら、私は存立していると言うことができる」ということであり、「存立している」subsistere ということは「現実存在する」existere ということと同義であって、すなわち、「私は現に」他者と無関係におのれ自身に自足して「存在して」いるのではない、ということ、超越者に関連づけられている、ということであって、これこそが「キルケゴール以後実存と呼ばれているものを言い当てている」のだとする(Jaspers1962: 120)。さらに重要なのは後者であり、これこそまさに、「包越者の諸様態が相互に包越し合うという逆説」を言い表しているのである。包越者を描き出そうとする場合、ただちにまた我々は主格分裂に陥ってしまう。だがこの主格分裂は、包越者の思想が言い当てているものを分節化する際の導きの糸ともなる。我々がそれである包越者は、存在それ自身である包越者に対立した位置をもっており、一方の包越者が他方の包越者を包越する。存在という包越的なも

---

[56] 邦訳は『イエスとアウグスチヌス』林田新二訳、理想社、1965 年を参照。

のからすれば我々のありかたが包越され、我々である包越者によっては、むしろ存在が包越されるのである (Jaspers1962: 125)。たしかに包越者とは、言表されるやただちに思惟可能なすべてのものが避け難い二重性に陥る。しかしダンテはこうした包越者が相互に包越し合うさまを、神を取り囲む天使の群れに対する神の関係を念頭に置くことで、見事に単純化して言表し得ているのである。それこそがこの詩句、神は「おのれが包んでいるものに自ら包まれて現われる」であり、そしてまたこれは、「おのれが包んでいるものに包まれて現われる」と同じことなのである(Jaspers1962: 125)。このようなダンテを用いたヤスパースの説明は、彼の包越者論を見事に言い表し、それがキリスト教の神と本質的な親近性を有していることを示している。しかし、アウグスティヌスの神と人とのあいだには、恩寵と信仰の関係はあっても、こうした相互性は認められないのではなかろうか。

　今道には浩瀚な『ダンテ『神曲』講義』（今道 2002）があり、この二つの箇所について興味あるところだが、残念ながら現行書では時間の制約のため、『神曲』全体の掉尾に近い部分についてはあまり綿密な解説・講義がなされていない。ただし矢内原の『ダンテ神曲講義』では期待どおり丁寧な説明が施されており、伝統的なカトリックの教義に則った解釈が、ヤスパースのものとごく近いものであることがわかる。ただし、第三〇歌については、次のように述べられている。「……天使が神の栄光を包んでいるように見えるのです。しかし実際は天使が神を包むのでなくて、神が天使を包むのです」（矢内原 1984: 665-666）。すなわち、キリスト教の神はやはり完全な相互包越たる超越者ではないのである。

文献

Augustinus 426/427: *De gratia et libero arbitrio*（邦訳：アウグスティーヌス『恩寵と自由意思について』今道友信訳（『世界人生論全集３』訳者代表斎藤忍髄、筑摩書房、1964 年）。アウグスティヌス『恩恵と自由意志』小池三郎訳教文館、1985 年）

--- 1992: *Confessiones*, edited by James J. O'Donnell, Oxford

--- 1888: *Die Bekenntnisse des heiligen Augustinus*, ü. v. Otto F. Lachmann, Leipzig (Reclam)
　（邦訳はアウグスティヌス 1968：『告白』山田晶訳、中央公論社、ほか多数ある）

Karl Jaspers 1935: *Vernunft und Existenz*（『理性と実存』草薙正夫訳、理想社、1972 年）

--- 1947: *Philosophische Logik. Erster Buch. Von der Wahrheit*（『真理について』全五巻、理想社。第一巻、林田新二訳、1976 年）

--- 1957: *Die großen Philosophen*　（抜粋訳あり、理想社）

--- 1962: *Der philosophische Glaube angeschichts der Offenbarung*（『啓示に面しての哲学的信仰』重
　田英世訳、創文社、1986 年）

--- 1976: *Was ist Philosophie? Ein Lesebuch*（『哲学とは何か』林田新二訳、白水社、1986 年）

今道友信 1966：「包越者──聖アウグスティーヌスにおける gratia と神の省察。恩寵と自由意志
　論の研究──」（中世哲学会編『中世思想研究 VII』10-25 頁に所収）

--- 2002：『ダンテ『神曲』講義』みすず書房

--- 2010：『中世の哲学』岩波書店

矢内原忠雄 1984：『ダンテ神曲講義』第三巻（新装版）、みすず書房

山田晶 1977：『アウグスティヌスの根本問題』創文社

金子晴勇 1982：『アウグスティヌスの人間学』創文社

金子晴勇（編）1993：『アウグスティヌスを学ぶ人のために』世界書院

【論文 6】
ハイデガーの芸術哲学と「哲学のオルガノン」について

序

　今回の主題はハイデガーの芸術哲学において、「哲学のオルガノン」に相当するものを見出せるか、そもそもそのようなものがあるのか、について考察することである。したがって、考察は次のような順序をとるのがよろしいかと思われる。

　一、「哲学のオルガノン」とは何かについての概括

　二、先行研究の検証

　三、古来の哲学における典型的な「哲学のオルガノン」論と、ハイデガー哲学との
　　　対比

　四、ハイデガー芸術哲学についての考究

　結論

　具体的には、「一」はアリストテレス以来の「オルガノン」(ὄργανον/Organon)観のまとめ、ということになろう。同様に、「三」は最も充実した「哲学のオルガノン」論として、ドイツ観念論美学を引いてくる必要がある。一方、「二」は、既に「ハイデガーの芸術哲学におけるオルガノン」について考察した増成隆士（筑波大学名誉教授・美学）の研究を紹介する。最後に「四」、これは「考究」と銘打つ以上、はじめから完成されたものは期し難いところがある。ここでは或る程度の成果を目標に、謙虚に課題に向き合うこととしたいが、ともかくもそれを踏まえて、結論としては、ハイデガーの思索、それも芸術哲学は、こうした「哲学のオルガノン」という系譜上のものとは異なったものである、という見解へと達することになるだろう。

一　「哲学のオルガノン」とは何か

　哲学史で「オルガノン」とはアリストテレス論理学を指す。ただし古代ギリシャ語の原義は「道具／機関」等である。したがってこの名称が、ペリパトス学派によって論理学が諸学の基礎ないし通底する方法論とみなされたことに由来することがうかがえる。

　それから千数百年を経て、近世哲学の父こと F・ベイコンの『新オルガノン』(*Novum organum*)により、哲学史において「オルガノン・プログラム」と目される企図が提起された。ベイコンにとっては伝統哲学の刷新としてのアリストテレス批判であったが、

後により発展的に、時代の方法論樹立のための営為としてこのスローガンが掲げられることとなる。とくに注目すべきはJ・H・ランベルト『新オルガノン』(*Neues Organon*)、カント批判哲学(『純粋理性批判』第二版)、フィヒテ知識学(1797年の『第一序論』)、シェリング超越論的観念論(『超越論的観念論の体系』)、さらには20世紀に入ってからのフッサール現象学(『ブリタニカ草稿』)なども含まれる。

　ただし加えてカントは、論理学の観点からオルガノンをカノンと対比させて、彼の批判哲学の固有性を示そうともした。それは一つにはアリストテレスの形式論理学に対する超越論的論理学の樹立であり、もう一つにはさらに重要な意義を有する三批判書の綜合である。フィヒテもこうした後者におけるカントの精神を継承しようとした。シェリングも同様で、ここから発展して彼の著名な「芸術は哲学のオルガノン」というテーゼが掲げられるに至る。同時にシェリングの場合は、カント目的論の彼にとっての発展的継承としての自身の自然哲学における有機体論(Organismus)を経ての芸術哲学および同一哲学であったから、ここにアリストテレス以来ようやく、再びオルガノンが有機体との関連において考察されるようになる。

　また、フッサールが「ブリタニカ草稿」において、超越論的現象学にその使命として「哲学のオルガノン」たることを課していることからもわかるように、それぞれの時代における独創的な哲学者が新たな機軸としての自己の哲学的方法論を呈示する際に、「哲学のオルガノン」という名を掲げるケースが続いている。20世紀におけるこうした動きのなかで最後の大きなものはヤスパースの「暗号の形而上学」と「哲学的論理学」であり、彼はオルガノンという理念を、前者ではシェリングに近い意味で、後者ではカントに近い、より包括的な意味で、それぞれ用いている。さらにその後の世代でもメルロ＝ポンティが、主にシェリングの自然哲学を源泉としてこの系譜の上に立っていることは特筆すべきである。

　そしていよいよハイデガーである。彼が論理学講義などにおいて、「オルガノン」という語そのものを、上述のような「哲学のオルガノン」観での意味合いに用いる例はほとんど無い。彼はもっぱら、この語をアリストテレス論理学の異称として用いたり、「道具」(Werkzeug/Handwerkzeug)ほどのごく一般的な意味で用いたりするにすぎない。もちろん後者は、彼独自の「道具的なもの」(das Zuhandene)および一連の概念とは区別されるべきである。

　ただしハイデガーはオルガノンと語源において通ずる「エルゴン」(ἔργον)を、「エネルゲイア」(ἐνέργεια 現実態)との関わりから、何度か論じている。それは例えば

1953 年の「科学と省察」講演[57]での「エンテレケイア」(ἐντελέχεια 完成現実態)に
関する部分である。「エルゴンとして完成されるものは、完全な現前へとそれ自体を
－こちらへと、前へと－もたらすものである。それゆえ、ただそれゆえにのみ、アリ
ストテレスは本来的に現前するものの現前性をエネルゲイア、あるいはエンテレケイ
ア、すなわち〈それ自体を（現前の）完成態において保持するもの(das
Sich-in-der-Vollendung-halten)〉とさえ名づけるのである。アリストテレスによって
現前するものの本来的な現前のために作り出されたこれらの名称の、その言わんとす
るところは、「エネルギー」というエネルゲイアの後世の近代的な意味とも、作用性
向(Wirkanlage)や作用能力(Wirkfäigkeit)としての「エンテレヒー」というエンテレケ
イアの同様の意味とも、深淵によって隔てられているのである」。

　はたしてこれが「哲学のオルガノン」観における、例えばその目的論ないし有機体
論についての見解と、交叉を認められるか否かは、ともにアリストテレスにまで遡っ
て十分に検討する余地はありそうである。

二　先行研究

　増成「新・芸術オルガノン論」(『講座　二〇世紀の芸術 9 芸術の理論』岩波書店、
1990 年、43 頁以下に所収) は、ハイデガーの芸術哲学と「オルガノン」とを結びつ
けた先行研究の一例である。増成の定義する「哲学のオルガノン」とは、〈哲学的思
考の誘発、展開および伝達のための道具、メディア、場〉であり、「それは、古来今
日に至るまで、まずもって〈ことば〉である」。ただし彼は、シェリングのいわゆる
「芸術オルガノン論」に対しては距離を置いていることをはじめに明言している。
「『芸術は、絶対的なるものを捉えるためのてだてを与えるばかりではなく、そもそ
も、絶対的なるものをすでに記録している。芸術は哲学のオルガン（機官）であり、
ドクメント（記録・史料）である。』これが、シェリングのいわゆる前期哲学の核心
部分の一角をなしている。／そこでは、芸術が、哲学的思考の機官の機能を果たして
いるのではなく、対立的に措定された哲学的概念を和解させる道具にされている。芸
術は、言葉による哲学の犠牲（いけにえ）にされている。／また、シェリングの場合
には、そして、一般にロマン主義においては、美がいわば最終的な免罪符となって、

---

[57] Wissenschaft und Bestimmung, in: *Vorträge und Aufsätze*, GA7, bsd. S. 43f. なおハイデッガー
　『技術への問い』関口浩編訳、平凡社、2009 年に所収の邦訳および訳者解説を参考にした。
　ここに感謝の意を表したい。

知は、その闘いの目標を失って、或る至福のうちに解体してしまう」（／は改行）。

　しかし増成がこの論文で採り上げている芸術とは、後述するハイデガーのゴッホ論の他、マグリット（その作品をオルガノンとして哲学的思索を試みた、増成『思考の視覚を視る──マグリットのモチーフによる変奏』勁草書房、一九八三年、を参照）、デュビュッフェ、ポール・ジフの美学、高松次郎らであり、「現代芸術における美は免罪符ではなく」、増成がここで提唱している「芸術オルガノン論」は、現代の現代的な作品をオルガノンとするかぎり、そういった至福のうちに解体することはない」、と表明されていることは了解しておかねばならない。

　さて、古代ギリシャおよびキリスト教に発する西洋思想において、言葉〔ロゴス〕への篤い信頼を鑑みれば、「造形芸術が哲学的思考のオルガノンでありうる」ということがより鮮明により重大な意味をもつこととして認識されるだろう、と増成は述べる。「正統の知」すなわち言葉に基づく知に対して、神秘主義とルネサンス以来の自然科学と造形芸術とが「レジスタンス」の役割を担ってきたからである。「レオナルド・ダ・ヴィンチは、真の知は、ことばによってではなく、〈見る、そしてそれを手で再現する〉という営みを通して可能であるとした。そこでは、造形芸術と科学と哲学とはひとつのものなのである」[58]。

　ところで増成によれば、ハイデガー哲学は「〈言葉への篤い信頼〉に基づく〈ことばをオルガノンとした哲学〉のひとつの極致」、「より正確には」、「〈ドイツ語をオルガノンとした哲学の極致〉」である。「ハイデガーの有名なテーゼをもじって言えば、『ドイツ語はハイデガー哲学の住みかである』。ハイデガーは、重要なところで**ドイツ語をオルガノンにして思索している**」（強調原著者）。増成はこうしてまず、ハイデガーの哲学を「ことばをオルガノンとした哲学」であるとする。

　しかしそのハイデガーにおいても、『芸術作品の根源』でハイデガーが農婦靴について論じた件は「異色」である、と増成は附言している。なぜなら、「そこでも、ハイデガーの思索は結局ことばによって呈示されてはいるが、しかし、ゴッホの作品がハイデガーに思索を促し、思索の展開を方向づけている」からである。「『用具（道具）とは何か』ということについて考えを深めるために、ハイデガーは、ひとつの用具としての農婦の使い古された靴を虚心に記述する、という方法を採る」。ハイデガーの

---

[58] この評価はヤスパースの見解ときわめて近い。伊野連『ドイツ近代哲学における藝術の形而上学──カント、シェリング、ヤスパースと「哲学のオルガノン」の問題──』リベルタス出版、2012 年を参照。

記述(*Holzwege* 1950, 1963 (4. Aufl.), S. 22, 24)から引用しつつ、増成は「ゴッホの画が語ったのではなく、ハイデガーが語ったのではないか、そう反論したくもなる。この「記述」なるものは、ゴッホの画をダシにして自分の〈用具〉論を展開し、正当化しようとしたものではないか、と言いたくなる性格を帯びている」としつつも、「にもかかわらず重要なのは、この箇所のハイデガーの思索はゴッホの画なくしては展開しなかったであろう、と思われる点」であり、「ハイデガーの〈用具〉論は、ゴッホのかの画を〈思考のオルガノン〉としてなされている、ということである」と述べる。すなわち、ゴッホのこの芸術作品がハイデガー哲学のオルガノンとなった、そう増成が考える根拠とは、「ゴッホの絵画作品によって、世界の或る様相、世界と人間との間の或る関わり方が描き出されている。そこに成立している或る世界の中で、その世界の論理に従って、ハイデガーは思考した。したがって、少なくともこの場面では、ハイデガーの思考はゴッホ描くところの農婦の古靴によって性格づけられ、さらには制約されている。その世界の外に出ていない」ということである。そして「何を〈哲学のオルガノン〉とするかが、その哲学の性格、その哲学の洞察の射程を決めるのである」と増成は結論づけている。

　ただしここから、ハイデガー哲学において芸術がオルガノンとなっている、との増成の見解を、本論文でそのまま採用するのは尚早であろう。第一に、「哲学のオルガノンとしての芸術」という問題設定が多義的であるという点があげられる。本論文の著者の「芸術オルガノン論」と増成のそれとでは、観念論美学を基準とするか否かで立場が異なっているし、増成の立場は「オルガノン」の哲学史における原義、すなわち「論理学」としての本性が稀薄であるように本論文の著者には思われる。カント批判哲学（もちろん第三批判前半の芸術哲学を含む）においても、ドイツ観念論の美学においても、芸術哲学の底流にある論理学的性格といったものはきわめて重要であり、すくなくともその性格はハイデガーの「論理学」講義における所見と、カントやドイツ観念論とを結びつける有力な根拠となっている（前掲拙著『ドイツ近代哲学における芸術の形而上学——カント、シェリング、ヤスパースと「哲学のオルガノン」の問題——』を参照）。

　第二に、ここでの増成のハイデガー芸術哲学の解釈は、その豊穣な領域をわずかに一瞥したにすぎぬ、といえなくもない。後述するように、ハイデガーの芸術論は、同じく技術論との関わりも含め、今日の哲学的思索に重要な示唆を与え続けている。したがって、それを「芸術が、哲学のオルガノンとなっている」と捉えるには、これで

はあまりにも材料が乏しいといわざるをえない。

三　古来の哲学における典型的な「哲学のオルガノン」論、すなわちドイツ観念論の美学

　「哲学のオルガノン」論が最も深い意義をもって展開されたのは、まぎれもなくカント批判哲学からフィヒテ知識学を経て、シェリングの美的観念論に至るまでの、いわゆる「1800 年ごろの哲学」である。そうした、ドイツ精神哲学（カントとドイツ観念論）の芸術哲学とはいかなる特性をもつか。ここでは思想年代もより広く 18 世紀末からヘーゲルまでについての、それもドイツ精神哲学研究内部からのものではなく、ハイデガー哲学の領域にも位置する哲学者であるガダマーの概括（レクラム版のハイデガー『芸術作品の根源』に「導入のために」と題されて初出）を掲げることにする。

　「シラーによって初めて語られ、その後、ヘーゲルの大規模な美学として完成された観念論美学」、そこでは、「芸術作品の理論は、なお依然として、普遍的な存在論的地平のうちにある。そもそも芸術作品のうちで有限なものと無限なものの均衡および和解が成功するかぎり、芸術作品は、最終的には哲学に取り込まれることになる、最高の真理の担保(Unterpfand)［証拠］である。観念論にとって、自然はただたんに近代の計算的学問の対象にすぎぬのではない。自然は偉大で創造的な世界潜勢力(Weltpotenz)の支配なのである。そうした世界勢位が自己を意識する精神のうちでその完成態へと高められる。自然に対するのと同様に、芸術作品も、この思弁的思索者の眼には、精神の一種の客観化である——それは精神それ自身の完成された概念ではなく、世界を直観するという仕方での精神の出現である。芸術は言葉どおりの意味での世界 - 観(Welt-anschauung)なのである」（ガダマー「導入のために」[59]）。

　ガダマーは直接口にこそせぬが、シェリング哲学の用語を自分の論旨に沿って用いており（シェリング哲学のキーワードである「勢位」(Potenz)や「詩」(Poesie)など）、まずはシェリングの美的観念論についての或る典型的な評価を下していると見ることができよう。しかし、先ほどの増成説にもあったように、シェリングの芸術論は「1800 年」という時代特有のものであり、またシェリング自身が初期ドイツ・ロマ

---

[59] Gadamer, H. –G., "Zur Einführung", in: *Der Ursprung des Kunstwerkes*, Reclam 8446, Stuttgart 1960, S. 100ff., bsd., S. 102. 邦訳はハイデッガー『芸術作品の根源』関口浩訳、平凡社、2008 年に所収。これも訳文の借用、教示ともに大いに恩恵を蒙った。深く感謝申し上げる。

ン派運動の中核を占めた思想家であったことを考慮すると、ハイデガーの20世紀半ばから、我々の21世紀初頭に相当する「現代」という「貧しい」時代の芸術［詩文芸］とは遠く隔たっていることは否めない。そしてもう一つ、ハイデガー哲学に対する時代の要請という観点も考慮すべきである。それも、たんなる哲学全般にとどまらず、芸術哲学においてすら、である。

　というのも、ハイデガーはシェリング哲学における意味での「オルガノン」という語を用いておらぬが、ガダマーは用いているからである。以下に引用する記述に注目されたい。「ハイデガーが芸術作品の本質について考察し始めたその出発点を決定しようとするなら、今や、絶対的真理の非概念的理解の手段(Organon)としての芸術作品に或る卓越した意味を割り当てた観念論の美学が、長いあいだ、新カント主義の哲学によって覆い隠されていた、という事実が明らかにされねばならない。当時支配的だったこの哲学的運動は、学問的認識のカント的な基礎づけを再興したのだが、美的判断力についてのカントの記述の基礎になっていた目的論的な存在秩序という形而上学的地平を取り戻しはしなかった。そういうわけで、美学的問題に関して新カント主義の思索は、或る独特な先入観を負わされていたのである」(Gadamer 1960: 102f.)。ハイデガーの新カント学派との対決はそれ自体で哲学史における重大事件であるが、美学についてもガダマーは上述のように強調しているのである。したがって観念論美学とハイデガー芸術哲学とのあいだには、少なくとも新カント学派[60]＊という巨大な「衝立」が存在していることを、了解しておく必要がある。

四　ハイデガーの芸術哲学

　ハイデガーの芸術哲学について語ることはたいへんな労苦をともなう。この分野の主著ともいえる『芸術作品の根源』だけをとってみても、課題は山積しているであろう。今回はその検証を主題とし徹底することは不可能であった。また、彼の芸術論は技術論と切り離して考えることはできず、様々な研究もそういった観点を堅持しているように思われる。そこで、芸術論と技術論とをつなぐ論述から、何らかの手がかりを模索してみたい。

---

[60] ハイデガーによれば、新カント学派といっても、西南ドイツ学派［バーデン学派］は「フィヒテの影響を受けていた」（ハイデガー「カッセル講演」（『ハイデッガー　カッセル講演』後藤嘉也訳、平凡社、2006年に所収、同書73頁以下））。もちろんこれは、この講演の主題であるディルタイの受容に関連して、の文脈である。ハイデガーによるマールブルク学派の特性描写は、例えば『カント書』全集版巻末の「付録Ⅵ」などがある。

172

そこで、今回は晩年の 1967 年アテネでの講演「芸術の由来と思索の使命」[61]に着目する。ここでは、数々の興味深い発言がみられる。まず、彼はホメロスを引き、女神アテーネーを「様々に助言する者」(πολύμητις ポリュメーティス)と呼ぶ。「助言」とは、「あらかじめ考え、あらかじめ備え、そしてそのことで何かをうまくいかせること(geratenlassen)、つまり成功させること」を意味する。

ハイデガーによれば、ここからテクネー(τέχνη)、すなわち「造形物や作品を制作する際に不可欠なものをあらかじめ看取しておく」という一種の「知」があらわれてくる。テクネーとしての芸術は、「いまだ眼に見えぬもの、そして「ようやく作品において眼に見え、耳に聞こえるようになるもの」を、「あらかじめ看取する」(vorblicken)ことの知に近づくのである。こうしたことをもたらず女神アテーネーの眼はまた、「輝き‐照らすもの」(das glänzend- leuchtende)でもあり、それは「人間の行為がまずあらかじめ看取せねばらなぬもの」に向けられている。芸術を支えるこのような「あらかじめ看取すること」は、アテーネーによる「照明」(Erleuchtung)を必要とする。(だからこそ、俗に云うミネルヴァの梟も、)「夜を貫いて洞察し(blicken)、それでなければ見ることのできぬものを見えるようにする」のである。

では、彼女の「助言し‐照明する眼差し」は、何に向けられているのか。「沈思する者」(σκεπτομένη スケプトメネー; die Sinnende)であるアテーネーの眼差しは、「境界石」すなわち「それによって何かがその固有なものへと集められるようなもの」である「限界」へと向けられ、その限界から「その何かはそれに固有なものに充たされ出現する」。これが「現前性(Anwesenheit)のうちへと現われ出る(hervorkommen)」ことである。したがって、「アテーネーの眼差しが何よりもまず、既に向けられているのは、あらかじめ人間による制作を要せぬ物々を、それ自体から、その現前性の刻印のうちへと立ち現われて来るようにするもの」、すなわち「ピュシス」(φύσις)である。このピュシスは、その後のローマ期に「ナトゥラ」(natura)とラテン語化されたとして、それ以来「西洋的‐ヨーロッパ的思考において主導的なものとなった自然(Natur)という概念」とは異なり、「それ自体からそれのそのつどの限界のうちへと立ち現われて来るもの(Aufgehende)、そしてそのうちにとどまる(verweilen)もの」である。そして芸術は、このようなピュシスに応答するが、「しかしそれは既に現前し

---

[61] Die Herkunft der Kunst und die Bestimmung des Denkens (1967), in: *Vorträge und Aufsätze*, Verlag Günter Neske, Pfullingen 1954.　前掲『技術への問い』に所収の関口訳および同氏解説を参考にした。みたびここに謝意を表する（ただし字句は一部異なる）。

ているものの摸造でも摸写でもない」。このように「ピュシスとテクネーとは秘密に充ちた仕方で共に属し合っている」。しかしこの「共に属し合う境域と、芸術が芸術としてその本質において存在するものとなるために関与せねばならぬ領域とは、依然として隠されたままである」。そして「現前するものすべてにその現前性を授けるあの明るみは、集められ、突然顕わになる支配を稲妻として示している」。そして稲妻・雷とは最上神ゼウスが投ずるものであり、アテーネーはそのゼウスの娘にほかならぬのである。

　ハイデガーのこうした談話は、もちろん多分に神話的・文芸的であるし、あるいは牽強付会ともとられるかもしれない。だが、彼特有の解釈によって浮き彫りにされた芸術が、もはや観念論美学が調和と葛藤のうちに、しかし享受していたあの頃の芸術とはまるで異質の貌を覗かせていることは、もはや容易にうかがい知られるであろう。

結論

　今回の検証において、ハイデガーの思索、それも芸術哲学に関しては、伝統的な「哲学のオルガノン」という理念は認められるのではなかろうかという結論に達する。ではその理由について、追加も含め整理しておく。

　ハイデガーとドイツ観念論との「隔絶」——もちろんそのように不用意に断を下すことは控えるべきであるが——は、こと芸術哲学に関しては、カントにおける「構想力」、「統覚」および「図式」という一連の問題から、より普遍的に認められるのではなかろうか。ハイデガーの芸術哲学が具体的に作品を論ずるかたちで現われる 1930 年代以前に、もっと哲学における広範かつ基礎的な次元で、すなわち『存在と時間』や『カントと形而上学の問題』のなかで、既に彼は『純粋理性批判』の改訂第二版に疑義を示している。例えば『カント書』にはこうある。「根本能力としての構想力の明確な特徴づけは、カントの同時代人らをこの能力の意味に親しませたには違いなかった。それゆえフィヒテやシェリング、そしてヤコービも彼らなりの仕方で構想力に本質的な役割を帰せしめた。その際カントによって見られた構想力の本質が認識され、堅持され、そしてさらにより根源的に解釈されてさえいるかどうかは、ここでは論究され得ない」(GA3, S. 137 Anm.)。しかしハイデガーによるカント超越論的構想力の解釈は「ドイツ観念論の解釈とはいわば対立した方向をとっているものである」(GA3, S. 137 Anm.)。周知のように、ハイデガーはカントについて、カントは「形而上学の「可能性」を、彼の問いかけの徹底性においてこのような深淵の前にもたらした。彼

は不可知なものを見たのである。彼は退避せねばならなかった。なぜならばそれはたんに超越論的構想力が彼を脅かしただけでなく、その間に純粋理性が理性としてさらに強く彼をその呪縛のなかへと引き入れたからであった」(GA3, S. 168)と述べた。しかしその後のフィヒテやシェリングらは、いわばこの「深淵」へとさらに潜っていったわけである[62]。したがってこの問題に限ってではあるが、ハイデガーはカントを容認するもの、フィヒテやシェリングらはそうはならない。ことに、彼らの観念論が知的直観を駆使したもので、したがってそこから帰結するシェリングの美的観念論が構想力に基づく芸術哲学であるとすれば、それは当然だというほかはないからである。

---

[62] こうしたカントとドイツ観念論との断絶について、例えば黒積俊夫『ドイツ観念論との対決 カント擁護のために──』、また、より構想力に注目した岩城見一『〈誤謬〉論 カント『純粋理性批判』への感性論的アプローチ』等を参照。ただし、特にフィヒテをカントの適格な継承者だと擁護しているのは、例えばA・フィロネンコ『カント研究』の主張である。

【論文7】
ヤスパースの悲劇論

悲劇的な知の歴史的概観

　ヤスパースによる「悲劇」史は次の六つの型で示されている。

① 　ホメロス、北欧神話ザーガとエッダ、西欧から中国までのすべての民族の英雄伝説。

② 　アイスキュロス、ソフォクレス、エウリピデスのギリシャ悲劇。

③ 　シェイクスピア、カルデロン、ラシーヌの近代悲劇。

④ 　レッシング、シラーおよび19世紀悲劇。

⑤ 　存在に向かって問いかける畏れの文学——ヨブ記、インド劇の一部。

⑥ 　キルケゴール、ドストエフスキー、ニーチェにおける悲劇的な知。

(Vgl. VdW, S. 918f.)

　ただし、『悲劇論』をさらに読み進めていくと、これらのいずれもが本来的な悲劇とみなされているわけではないことがわかる。同書は、これらの具体的な実例を哲学的に解釈することで、「悲劇的な知」(すなわち「悲劇性」(Tragik) とそこからの「救済」[解脱] (Erlösung)) の多様な形態を明らかにしようとする。

　文学史を例に検証してみよう。アッティカ[ギリシャ]悲劇の成立する以前、ホメロスやヘシオドスの叙事詩の世界にはまだ「裂け目」はみられず、調和が支配していた。悲劇的なものの自覚に先立つこうした「前悲劇的な」(vortragisch) 知は、自らのうちで安定し完結しており、苦悩や死やはかなさや悲哀はじっと耐え忍ばれるのみであった。こうしたところにはつねに同じ現実の繰り返ししかない。

　一方、分裂と葛藤の意識とともに悲劇的な知が生ずる。限界状況に直面した不安が人間を駆り立てて前進させ、事象は繰り返しのない、一回かぎりのものとして生ずるようになる。こうして、悲劇的な知とともに初めて歴史的な動きが始まるのである。だが、叙事詩にみられる英雄伝説の段階では、悲劇的な知はまだ十分な知に達してはいない。世界の根本的な不一致は既に意識され、挫折や破滅も体験されてはいるが、与えられた世界は自明のごとく受け容れられており、まだ神話的な問いかけはない。

　アッティカ悲劇に至って初めて悲劇的な知は十分に成熟する。叙事詩の神話的世界に対し、初めて主人公（プロメテウス、エレクトラ、オレステスら）は神性の本質に

迫る問いかけをなす。それは事物の真の意味や正義の観念の追究である。

また、叙事詩ではたんに苦悩や悲哀の忘却のみが求められていたのに対し、悲劇では存在に向かって自らを開示させるような魂のカタルシス［浄化］を求めている。

　こうして悲劇的な知が成熟すると、それに伴い悲劇性を克服しようとする努力が生まれる。例えばストア哲学にみられるような、アリストテレス以後の啓蒙主義的な哲学の宇宙論的世界解釈がそうである。伝統的な神の観念を破壊し、宇宙全体の根本的調和を構想することで、悲劇的な世界の不調和や個人の運命の重要さを相対化し、哲学的な無感動・無関心へと導こうとする。しかし、これはいかに偉大であっても、実践的な意義をもたぬ空論である。

　あるいは近代では、悲劇性の哲学的な克服の試みの典型として、レッシング『賢者ナータン』(Nathan der Weise) が挙げられる。理性をもった本体的な人間存在という理念により悲劇性を超出するこの『賢者ナータン』もまた、もはや悲劇ではない。

　もう一つはユダヤ教・キリスト教といった啓示宗教による克服の試みである。悲劇的なものはことごとく人間の現在に起因し、その救済は神の恩寵によるもの(p. 124)とされる。しかし、現在が恩寵による救済を予想させるので、悲劇性は初めから脱却しており、悲劇的な知の実体は見落とされている。

　これも近代におけるカルデロンとラシーヌが、こうしたキリスト教的悲劇の頂点に立っている。ギリシャ悲劇の「運命」と「デーモン」に代わって、神の節理・恩寵と劫罰が新たな独自の悲劇的緊張を醸出するものの、それももはや本来的な悲劇性ではない。

　悲劇的な知がそれに関わる者の実存的能動性を失わせ、悲劇がたんに美的な教養の現象に堕するとき、悲劇的なものは「美的な無責任さ」(ästhetische Unverbindlichkeit)と実存の地盤喪失とに陥る。実存的真剣さによるカタルシスを欠いているために救済への逃げ道を失ったこうした絶対的悲劇性は、非現実的な思惟によって感傷的な悲壮感を帯びて表現されると、たんに美的に鑑賞されるだけのものとなる。エウリピデスの作品の一部を含めた古代後期の悲劇と、ヘッベル、グリルパルツァーなどの 19 世紀の近代劇がそうである。

　こうして、悲劇的なものの典型と認められるのはソフォクレスに代表される最盛期のギリシャ悲劇とシェイクスピアである。ここには人間に課せられた問いの解きがたさ、人間の究極的な挫折を通しての心理の実存的把握が見出される。

　以上にみられる悲劇的なものの根本的性格は次のように概括される。

悲劇的なものは人間の現存在の戦慄するような恐ろしさ、しかも人間存在の包括的全体から生ずる紛糾の恐ろしさを示す出来事として観られる。しかし、それを観ることで悲劇的なものからの解放、すなわち、一種の「浄化」(Reinigung)、解脱が為し遂げられる。さらに、人間の本来的な自己存在すなわち実存が、挫折を通して現れる。存在は挫折において失われるどころか、むしろその全体が明確に感じとられる。超越を欠いた悲劇性等というものはなく、没落のなかで神々や運命に対し自己を主張するだけの反抗精神にさえ、本来的な自己存在への超越はある。悲劇的なものの本来の意識は、たんに苦悩や死を、直接に無限性や無常を捉えることではないのであり、人間の「行為」(Handlung) という媒介があって初めてこれらは悲劇的になるのである（ここには「ドラマ」の原義をめぐるアリストテレス理論との関連が見出せる。アリストテレス『詩学』参照）。それは現存在としての生の破滅であるだけでなく、行為の完成があらゆるかたちで挫折することである。悲劇性は無数の可能性のなかで挫折する人間の精神的本質であり、悲劇的な知は初めから救済・解脱への衝動と結びついている。人間が現存在として消滅するときに生じてくる本来的な自己存在の行為のなかに解脱はある(Vgl. VdW, S. 925f.)。

　(Vgl＝参照せよ、VdW＝Jaspers 1947: *Von der Wahrheit* 　『真理について』)、S.＝頁、f.＝以下。伊野連『ドイツ近代哲学における藝術の形而上学』pp. 122-132、参照)

おわりに

　これで古代ギリシャのソクラテス以前の哲学者から、現在なお活動する存命の哲学者・倫理学者まで、おおまかにではあるが採りあげたこととなる。後は個別の思想家についてより深く詳しく知るようにするとよい。さらに詳細な哲学史書や専門書など、我が国では世界でも最高水準の研究文献が刊行されている。

　もともと本書は大学での講義のために初学者向けに書かれたものである。当初はもっと簡略化された小冊子を出すつもりであったが、実際に書き進めてみればどれもこれも外せない人物や事項ばかりであり、初めに構想したものよりもずっと規模が大きいものとなった。それでも、あちこちに重要項目の欠落があり、著者としては歯痒い思いがするのは否めないが、出版に際しての期限もあり、妥協せざるを得なかった。

　現実の講義を通じて今後もっと良いものとなるように色々な意見を参考にしていきたい。ひとまず、これはこれで完結させるとする。

　前著に続き、三恵社の木全氏には大いに助けていただいた。お礼申し上げる。先生方からの教えも数限りなくあるが、無礼ながらこの場での簡単なお礼で済ませたい。

　文中、十一人の思想家の肖像画を挿入した。友人の若き芸術家弥永理沙による制作である。当然ながらすべて物故者の、既に存在する絵画や写真を通じてしか描きようがない厄介な仕事で、それでも十分個性的な絵を揃えてくれてとても満足している。

2016 年 5 月　　著者　識

参照文献（本書全体を通して参照したもの。**各執筆者に感謝申し上げる**）

伊藤邦武『物語 哲学の歴史 自分と世界を考えるために』中公新書 2187、2012 年 10 月

小川仁志『図解 使える哲学』中経出版、2014 年 12 月

熊野純彦『西洋哲学史 古代から中世へ』岩波新書（新赤版）1007、2006 年 4 月

熊野純彦『西洋哲学史 近代から現代へ』岩波新書（新赤版）1008、2006 年 9 月

熊野純彦編『近代哲学の名著』中公新書 1999、2009 年 5 月

熊野純彦『現代哲学の名著』中公新書 2113、2011 年 5 月

児玉聡『功利主義入門──はじめての倫理学』ちくま新書 967、2012 年 7 月

中央公論新社版『哲学の歴史』全 12 巻＋別巻、2007 年 4 月～2008 年 8 月

貫成人『図説・標準哲学史』新書館、2008 年 2 月

御子柴善之『自分で考える勇気 カント哲学入門』岩波ジュニア新書、2015 年 3 月

著者紹介

伊野 連 (いの れん)

1968年生まれ。早稲田大学第一文学部卒業、東洋大学大学院文学研究科博士後期課程単位取得満期退学。論文博士（文学）。哲学・美学・倫理学専攻。

主な著書

『ドイツ近現代哲学における藝術の形而上学——カント、シェリング、ヤスパースと「哲学のオルガノン」の問題——』(リベルタス出版、2012年9月)
『現代美学の射程』(三恵社、2015年10月)
『生命の倫理 入門篇』(三恵社、2016年5月)
Kulturkonflikte und Kommunikation. Zur Aktualität von Jaspers Philosophie / Cross-Cultural Conflicts and Communication. Rethinking Jaspers's Philosophy Today (共著、Könighausen & Neumann, 2016年1月)

哲学・倫理学の歴史

2016年 5月 9日　　初 版 発 行
2023年 4月 1日　　第7版発行

　　　　　　　　　著 者　　伊野 連

定価(本体価格1,700円＋税)

発行所　　株 式 会 社　　三 恵 社
〒462-0056 愛知県名古屋市北区中丸町2-24-1
TEL 052 (915) 5211
FAX 052 (915) 5019
URL http://www.sankeisha.com

乱丁・落丁の場合はお取替えいたします。
ISBN978-4-86487-523-3 C1010 ¥1700E